Andar como Jesús anduvo

Volumen 4

I0157372

Caminar en el Poder

Un estudio de los Hechos de los Apóstoles

Loren VanGalder

Spiritual Father Publications

Contenido

1

Los apóstoles cometen cuatro errores

Hechos 1:1-14

Nuestra meta en esta serie de cuatro libros es andar como Jesucristo: *El que dice que permanece en [Jesús], debe andar como él anduvo* (1 Juan 2:6, RVR). Hemos estudiado el ejemplo y las enseñanzas del Maestro para aprender cómo anduvo. Ahora vamos a ver que la iglesia primitiva hizo exactamente eso.

Los apóstoles tenían tres años de aprendizaje. En el último volumen vimos la Gran Comisión y la preparación que Jesús dio a sus discípulos para cumplirla. Jesús volvió a la gloria del cielo, dejando a esos apóstoles para establecer la iglesia y cumplir con esa comisión. Pero ellos no están solos. Este libro, un estudio de los Hechos de los Apóstoles, va a demostrar si Jesús hizo un buen trabajo al prepararlos.

Este primer capítulo de los Hechos es glorioso; es un puente entre el ministerio maravilloso del Hijo de Dios en los evangelios, y la poderosa obra del Espíritu Santo en la iglesia primitiva. Es el final de la vida más increíble que cualquier hombre haya vivido en esta tierra. Cristo murió, ¡pero resucitó! ¡Cristo vive! Durante cuarenta días se presentó vivo a sus discípulos con muchas pruebas convincentes, y les prometió algo transformador: El bautismo del Espíritu Santo con poder sobrenatural. Cumplió su misión, entregó a los apóstoles una Gran Comisión para hacer discípulos de todas las naciones, y luego ascendió a la gloria del cielo para reinar y sentarse a la diestra de su Padre.

De ninguna manera quiero pasar por alto estas maravillas, pero el tema de esta serie de libros es "Andar como Jesús anduvo". Estos discípulos anduvieron tres años con Cristo. Puede que hayas estado caminando con el Señor durante varios años. Es posible que ya hayas leído los primeros libros de esta serie y estés haciendo discípulos en obediencia a la Gran Comisión, pero la verdad es que aún es posible fracasar. Allí, en la misma presencia de Jesús y luego de dos ángeles después de su ascensión, los apóstoles cometieron cuatro errores. Después de toda la preparación de esos años de andar con Jesús, ellos muestran una falta de comprensión de la misión de su Señor y de la tarea que Jesús les encomendó. Estos primeros errores son menores, pero en el mismo capítulo (capítulo dos de este libro), sin la presencia física de Jesús ni de los ángeles, y aún sin la plenitud del Espíritu, toman su primera decisión como iglesia y cometen otro error, más grave (aunque no tuvo consecuencias graves).

Lo que hizo Jesús

En los primeros tres versículos, Lucas cubre los puntos más importantes de la vida de Jesús, los cuales nos dan una base para lo que él va a registrar en este libro.

¹Estimado Teófilo, en mi primer libro me referí a todo lo que Jesús comenzó a hacer y enseñar ²hasta el día en que fue llevado al cielo, luego de darles instrucciones por medio del Espíritu Santo a los apóstoles que había escogido. ³Después de padecer la muerte, se les presentó dándoles muchas pruebas convincentes de que estaba vivo. Durante cuarenta días se les apareció y les habló acerca del reino de Dios.

Lo que Jesús comenzó a hacer y enseñar.

El autor, un médico llamado Lucas, está hablando de su Evangelio. Ese primer libro, igual a este, fue escrito para un Teófilo. El nombre significa "Amante de Dios" y puede referirse a una persona específica o a cualquier persona que ama a Dios. Lucas señala las dos cosas que siempre fueron parte del ministerio de Jesús: hechos y palabras. Pero, ¿por qué dice Lucas que sólo *comenzó* a hacer y enseñar estas cosas? Es cierto que Cristo dijo que había terminado su trabajo aquí en este mundo, pero siempre está trabajando hasta el día de hoy, por medio de su Cuerpo, la iglesia. Este libro es el registro de los hechos y enseñanzas de los apóstoles. Ya estaban haciendo las mayores cosas que Jesús dijo que haríamos (Juan 14:12). Aunque el libro se llama "Los Hechos de los Apóstoles", podría llamarse "Los Hechos y las Palabras de los Apóstoles", porque ellos siguen el patrón de su Maestro, haciendo y enseñando.

Padeció muerte.

Jesús hizo milagros y enseñó sobre el reino de Dios, pero el propósito principal de su vida fue morir como sacrificio por el perdón de nuestros pecados. Ahora, en este libro, el enfoque es lo que sucedió después de su muerte.

Se les presentó dándoles muchas pruebas de que estaba vivo.

Las pruebas eran convincentes. Jesús hizo lo que fuera necesario para dejarles sin duda de que estaba vivo. En comparación con todos los hechos y las enseñanzas antes de su muerte, su ministerio en esos cuarenta días fue muy limitado: solo se les apareció a aquellos que creyeron en Él para darles esas pruebas, algunas instrucciones finales y más enseñanzas sobre un solo tema:

Durante cuarenta días les habló acerca del reino.

Era uno de los temas principales de su ministerio, y para esos días habló solo del reino (el tema del segundo volumen en esta serie); no habló sobre los detalles de cómo establecer la iglesia o la vida cotidiana del creyente. ¿Qué parte ocupa el reino en tu enseñanza y predicación?

Instrucciones dadas a los apóstoles.

Jesús dijo que no habló ni hizo nada por su propia cuenta. Incluso les dio estas instrucciones *por medio del Espíritu Santo*, el mismo Espíritu que pronto bautizaría a los apóstoles, quien se manifiesta poderosamente en este libro y nos inspira hoy para hablar y hacer la obra del reino. Lucas deja en claro que los apóstoles fueron *escogidos* por Jesús.

El día que fue llevado al cielo.

En el libro anterior de esta serie, hablamos de la importancia del trabajo. Jesús estaba trabajando y haciendo la obra de su Padre hasta el día en que ascendió a Él.

Los apóstoles continúan lo que Jesús comenzó a hacer y enseñar.

Ese es el tema de este libro. Jesús solo puso los cimientos. Él es la piedra del ángulo. Ahora les toca a los apóstoles establecer la iglesia, hacer las obras de Jesús y enseñar su Palabra.

La última instrucción: Esperen

La Nueva Versión Internacional coloca a Jesús dando este mandato *mientras comían*, aunque ese detalle no está claro en el griego. Lo que está claro es que las comidas y el tiempo compartido alrededor de la mesa son importantes para Jesús. En Galilea, les preparó un desayuno en la playa cuando restauró a Pedro (Juan 21). No hay certeza de que estaban comiendo—lo que es cierto es que estaban juntos.

[4] *Una vez, mientras comía con ellos, les ordenó: —No se alejen de Jerusalén, sino esperen la promesa del Padre, de la cual les he hablado:* [5] *Juan bautizó con agua, pero dentro de pocos días ustedes serán bautizados con el Espíritu Santo.*

Sería un desastre para ellos dejar el compañerismo y la relativa seguridad de Jerusalén sin el bautismo del Espíritu Santo. Pero, ¿no fueron suficientes tres años de discipulado con el Hijo de Dios? ¿No son suficientes tres años en un instituto bíblico? Él sopló sobre ellos y dijo *"recibe el Espíritu Santo"* (Juan 20:22). ¿Qué más necesitan?

Necesitan lo que el Padre prometió. Este bautismo no es opcional ni solo para algunos creyentes súper espirituales. No tenemos que rogarle al Padre que lo reciba. Es una promesa. Lo que tenemos que hacer es esperar. Hay muchas promesas de Dios, pero no las recibimos todas a la vez. Tenemos que esperar a muchas de ellas. En este caso, no sería una espera larga; será dentro de pocos días.

Jesús compara esta plenitud con el bautismo de Juan el Bautista. Ese bautismo de arrepentimiento es distinto del bautismo del creyente en agua, que Jesús mandó en la Gran Comisión. Este bautismo no es en agua, sino en el Espíritu Santo; es una inmersión, un llenado del Espíritu.

¿Eres bautizado en el Espíritu Santo? Si eres, responderás "sí" con mucha confianza y gozo. Pero muchas veces yo escucho respuestas como:

- "Sí...creo que sí."
- "Alguien me dijo que todos los creyentes están llenos del Espíritu."
- "Yo no soy de una iglesia Pentecostal."
- "Fui bautizado en agua y me dijeron que a la misma vez el Espíritu vendría sobre mí."
- "Claro, yo voy a una iglesia Pentecostal." ¡Pero yo conozco a muchos—tal vez la mayoría—en iglesias carismáticas y Pentecostales que no han recibido el bautismo del Espíritu!

Todas esas excusas realmente no importan. Tampoco importa cómo lo llames. No es el propósito de este libro promover una cierta doctrina sobre cómo recibir el Espíritu Santo. Solo podemos decir y creer lo que claramente está escrito en este libro de Hechos. Lo esencial es tener este poder y presencia del Espíritu en tu vida. Algunos llaman a este libro los Hechos del Espíritu Santo, porque es el Espíritu quien hizo la obra en la iglesia primitiva. Es la promesa del Padre. Dios quiere bautizarte en el Espíritu.

La respuesta de los apóstoles al recibir esa promesa

Parece increíble. Jesús acabó de darles una promesa preciosa y no expresan anticipación ni gratitud. No le preguntan más detalles sobre cómo recibirán el Espíritu.

6 Entonces los que estaban reunidos con él le preguntaron: —Señor, ¿es ahora cuando vas a restablecer el reino a Israel?

7 —No les toca a ustedes conocer la hora ni el momento determinados por la autoridad misma del Padre —les contestó Jesús—.

Después de contarles tanto sobre el reino de los cielos, podría ser muy desalentador para Jesús saber que ellos nunca captaron ese mensaje. Aún estaban pensando en este mundo. Como muchos cristianos hoy que pierden la bendición del Espíritu porque se centran en la prosperidad y las bendiciones en este mundo. Pierden por completo esta gloriosa promesa. Mientras Jesús les habló sobre el reino, ellos estaban pensando en la independencia y la gloria del reino anterior de la nación de Israel, y probablemente en su parte en él. Sí, su respuesta puede ser desalentadora, pero Jesús conoce un secreto: pronto, el Espíritu Santo soberanamente descendería sobre ellos y les revelaría muchas verdades acerca del reino. Mientras tanto, Jesús tiene que corregir estos errores.

Tres errores

1. Le preguntaron a Jesús si iba a *"restablecer"* el reino; estaban pensando en un reino territorial. ¡Pero el reino de Dios es espiritual! ¡No es de este mundo! Su reino se establecerá cuando Cristo venga. A lo largo de los siglos, ha habido muchos que han querido establecer un reino territorial en esta tierra, y siempre han terminado desilusionados. No funciona. Hay una tendencia fuerte en la iglesia hoy a perseguir este mismo error.

2. Pensaban en un reino de una nacionalidad, de un solo país o grupo de personas. Jesús responde que el reino incluye a los despreciados samaritanos y a la gente de toda nación y raza del mundo. La perversión de lo que Cristo pretende para su reino ha llevado a la tragedia de toda clase de racismo, prejuicio y abuso en el mundo de hoy, incluso en la iglesia.

3. Ellos desean el reino *"ahora"*. Es cierto que podemos experimentar muchos beneficios del reino en este momento, pero el reino crece gradualmente hasta que Cristo venga para establecerlo físicamente. Se requiere mucha paciencia y fe para mantener una visión del reino y perseverar mientras el mundo nos persigue y se opone. Hay muchos libros, videos en YouTube y sitios web dedicados a temas del anticristo, la gran tribulación y cuándo podría venir Cristo. Siempre hay gente que quiere establecer fechas para su regreso, pero no nos corresponde conocer esos detalles. Algunos dicen: "Aquí Jesús habló sobre la hora y el momento, pero sí, podemos saber el día o el año." Ellos pierden el claro mensaje de Jesús. Es cierto que tenemos que observar lo que está sucediendo en el mundo y ser sabios, pero la mayoría de estas cosas hay que dejarlas en manos de Dios. Hay cosas más importantes para nosotros.

Lo importante: Recibir poder y ser testigos

[8] Pero, cuando venga el Espíritu Santo sobre ustedes, recibirán poder y serán mis testigos tanto en Jerusalén como en toda Judea y Samaria, y hasta los confines de la tierra.

Esto es lo que debemos hacer: ser testigos de Jesucristo o, en otras palabras, obedecer la Gran Comisión. No podemos hacer eso sin el poder del Espíritu. ¿Tienes ese poder? Si eres bautizado en el Espíritu y tienes su poder, vas a testificar acerca de Jesús. Él te dará muchas oportunidades. Será natural; Él quitará todo el temor. El Espíritu nos enviará hasta los confines de la tierra. Si sientes que no tienes poder y casi nunca testificas acerca de Jesús, deberías examinarte para ver si eres bautizado en el Espíritu. Evangelizar es para cada creyente lleno del Espíritu, no solo para el pastor o evangelista.

La ascensión

⁹ Habiendo dicho esto, mientras ellos lo miraban, fue llevado a las alturas hasta que una nube lo ocultó de su vista. ¹⁰ Ellos se quedaron mirando fijamente al cielo mientras él se alejaba. De repente, se les acercaron dos hombres vestidos de blanco, que les dijeron:

¹¹ —Galileos, ¿qué hacen aquí mirando al cielo? Este mismo Jesús, que ha sido llevado de entre ustedes al cielo, vendrá otra vez de la misma manera que lo han visto irse.

Están en estado de shock. No esperaban esto. Esas fueron sus últimas palabras para ellos. Ascendió a su Padre y, en este momento, reina en el cielo a su diestra. Cuando dice que *"vendrá de la misma manera"*, no significa que vendrá al Monte de los Olivos o que vendrá a un grupo de solo once apóstoles. Así como subió, vendrá en una nube, pero todo ojo le verá (Apocalipsis 1:7).

¿Tienes esa esperanza de que Cristo vendrá otra vez? Es preciosa, pero no nos enfocamos en eso, sino en la tarea que Cristo nos asignó.

Cuarto error

Los apóstoles se quedaron boquiabiertos, mirando fijamente al cielo, y los ángeles estaban incrédulos: ¿No oyeron lo que dijo Jesús? Hay algunos cristianos mirando al cielo. No quieren tener nada que ver con este mundo, pero el mundo necesita a Jesús, y en este libro vamos a ver el poder que tenemos para transformarlo.

Los discípulos corrían el riesgo de caer en dos extremos: estar demasiado centrados en el mundo (restablecer el reino político de Israel) y estar demasiado centrados en el cielo (quedarse mirándolo fijamente). Hay un equilibrio saludable, con la conciencia de que somos ciudadanos del cielo con la esperanza de la vida eterna, pero aprovechando cada oportunidad para predicar y establecer el reino de Dios en este mundo.

De regreso a Jerusalén

¹² Entonces regresaron a Jerusalén desde el monte llamado de los Olivos, situado aproximadamente a un kilómetro de la ciudad. ¹³ Cuando llegaron, subieron al lugar donde se alojaban. Estaban allí Pedro, Juan, Jacobo, Andrés, Felipe, Tomás, Bartolomé, Mateo, Jacobo hijo de Alfeo, Simón el Zelote y Judas hijo de Jacobo.

¡Imagina los sentimientos en esta caminata desde el monte de los Olivos hasta Jerusalén! Esta vez no están desesperados, sino maravillados de lo que habían visto. Compartieron esta experiencia con las mujeres, la familia de Jesús y los demás discípulos, 120 personas en total. Alternaban entre ese Aposento Alto y tiempos en el templo (*Y estaban continuamente en el templo, alabando a Dios*, Lucas 24:53).

¹⁴ Todos, en un mismo espíritu, se dedicaban a la oración, junto con las mujeres y con los hermanos de Jesús y su madre María.

Los hermanos de Jesús, que antes lo despreciaban, ya creen. Todos obedecen a Jesús: esperan, están juntos, tienen el mismo espíritu y se dedican a la oración. Es un buen consejo para una iglesia hoy que quiere recibir el poder y el bautismo del Espíritu

Santo. Algunos obedecen esa parte, pero luego agregan algo que Jesús nunca mencionó. Nosotros lo hacemos mucho: agregamos otros requisitos o cosas al ministerio que Jesús nunca intentó. En el próximo capítulo, vamos a ver de qué se trataba el quinto error de los apóstoles.

2

Un error cometido al actuar en la carne

Hechos 1:15-26

Muchos vienen a la Biblia con lentes, lentes de lo que han escuchado de un sacerdote, pastor o YouTube. Lentes de libros que han leído. Queremos quitar esos lentes y dejar que el Espíritu Santo nos hable. Cuando abrimos la Biblia, siempre queremos leer la palabra misma primero. Hay Biblias de estudio escritas por pastores famosos. El peligro es leer sus notas y no dejar que el Espíritu te hable. Sus comentarios no tienen la misma inspiración que las escrituras. Después de leer, orar y reflexionar, podemos leer varias traducciones para discernir mejor el significado del pasaje. Siempre es bueno tener un cuaderno para anotar nuestras observaciones o preguntas. Luego, podemos leer varios comentarios, desde varias perspectivas. Después, guiados por el Espíritu, hacemos nuestra interpretación y siempre una aplicación personal. Estudiar la Biblia nunca es solo un ejercicio intelectual. Queremos dejar que la Palabra nos forme y transforme nuestras vidas.

El caso aquí no está cerrado. Los mejores eruditos no son unánimes. Hay quienes creen que Pedro hizo lo correcto. Hay otros que creen que él no, y yo estoy de acuerdo con ellos. No soy dogmático; puedo estar equivocado. Estudiemos el pasaje; entonces sacaré mis conclusiones, y tú puedes sacar las tuyas. Sea lo que sea, por favor, sigue leyendo el libro; no es un asunto de tanta importancia.

15 Por aquellos días Pedro se puso de pie en medio de los creyentes, que eran un grupo como de ciento veinte personas.

Este es el primer discurso registrado de Pedro. No es sorprendente que él haya tomado la iniciativa. Puede que él ya estuviera harto de orar y esperar. Recuerda que fue Pedro en Juan 21 quien sugirió volver a pescar porque estaba cansado de esperar a Jesús. Nos cuesta mucho esperar. Queremos hacer algo. El peligro es hacer algo que no sea la voluntad de Dios, como en el famoso pasaje de Mateo 7:21-23.

16 Les dijo: «Hermanos, tenía que cumplirse la Escritura que, por boca de David, había predicho el Espíritu Santo en cuanto a Judas, el que sirvió de guía a los que arrestaron a Jesús. 17 Judas se contaba entre los nuestros y participaba en nuestro ministerio.

Él empieza bien, citando la Biblia. La traición y el suicidio de Judas tuvieron que ser muy fuertes para los discípulos. Él era uno de ellos. Durante tres años, estaban muy unidos. Judas participaba en el ministerio igual que ellos, predicando, sanando y echando fuera demonios. Seguramente había una mezcla de ira, tristeza y dudas acerca de cómo podría suceder. Pedro posiblemente estaba reflexionando sobre eso mientras oraba, y esta escritura le vino a la mente. No siempre tenemos que compartir todo lo que el Señor nos revela, pero siendo Pedro, lo hace.

Lucas agrega una explicación de la muerte de Judas:

18 (Con el dinero que obtuvo por su crimen, Judas compró un terreno; allí cayó de cabeza, se reventó, y se le salieron las vísceras. 19 Todos en Jerusalén se enteraron de ello, así que aquel terreno fue llamado Acéldama, que en su propio idioma quiere decir "Campo de Sangre").

Puede parecer una contradicción con lo que dice Mateo 27:5: Entonces Judas arrojó el dinero en el santuario y salió de allí. Luego fue y se ahorcó. Pero podría ser que, cuando se ahorcó (o un rato después), el cuerpo cayó y se reventó. Fue una muerte muy fea, pero la paga del pecado siempre es la muerte, y Judas es un buen ejemplo de las consecuencias de negar o traicionar a Jesús, o de ser cegado por las riquezas.

20 »Porque en el libro de los Salmos —continuó Pedro— está escrito: »"Que su lugar quede desierto,
*   y que nadie lo habite".*

Pedro cita el Salmo 69 (verso 25), donde David habla de los enemigos de Dios y los maldice, pidiendo el castigo de Dios sobre ellos. Hay varias referencias en los evangelios que aplican este salmo a Cristo, incluyendo una del mismo Jesús (Juan 15:25).

También está escrito: »"Que otro se haga cargo de su oficio".

Este es el versículo 8 del Salmo 109, también escrito por David, y es otra súplica a Dios para que juzgue a sus enemigos. Como en varios ejemplos de textos del Antiguo Testamento citados en el Nuevo Testamento, no parece muy claro que estas citas se apliquen a Judas. Es una práctica muy común hoy en día: citar versos para apoyar algo que la persona cree o quiere hacer, independientemente del contexto o el significado basado en una sana interpretación.

21-22 Por tanto, es preciso que se una a nosotros un testigo de la resurrección, uno de los que nos acompañaban todo el tiempo que el Señor Jesús vivió entre nosotros, desde que Juan bautizaba hasta el día en que Jesús fue llevado de entre nosotros».

Pedro termina proponiendo una respuesta a la muerte de Judas: elegir un nuevo apóstol. Él da tres calificaciones muy claras:

1. Tiene que ser testigo de la resurrección.
2. Tenía que acompañarlos todo el tiempo que Jesús vivió entre ellos.
3. El plazo tenía que ser del ministerio de Juan hasta ese día reciente cuando Jesús ascendió al Padre.

No habría muchos que cumplirían con todos estos requisitos; posiblemente algunos del grupo de los Setenta que siguió a Jesús. Estos no aparecen en otra parte como requisitos para un apóstol, y eran en parte la base de la lucha continua de Pablo para defender su apostolado (él no cumplió ninguno de estos requisitos). Jesús nunca los dio como necesarios para ser un apóstol.

23 Así que propusieron a dos: a José, llamado Barsabás, apodado el Justo, y a Matías. 24 Y oraron así: «Señor, tú que conoces el corazón de todos, muéstranos a cuál de estos dos has elegido 25 para que se haga cargo del servicio apostólico que Judas dejó para irse al lugar que le correspondía». 26 Luego echaron suertes y la elección recayó en Matías; así que él fue reconocido junto con los once apóstoles.

Al igual que la influencia de Pedro que vemos en Juan 21 cuando salieron a pescar, no hay argumento de los demás. No sabemos cuántos calificaron, pero propusieron a dos. Oraron después de seleccionarlos y le ofrecieron a Jesús las dos opciones. Terminaron echando suertes para discernir la voluntad del Señor.

¿Por qué pienso yo que actuaron en la carne?

1. Jesús nunca dijo nada acerca de elegir a otro apóstol. Fue Jesús quien designó a los primeros, y en la iglesia es su Espíritu el que llama, confirma y envía apóstoles. El segundo versículo de este capítulo enfatiza que fue Jesús quien escogió a los apóstoles. Si Él quisiera que alguien ocupara el lugar de Judas, seguramente lo habría escogido durante los cuarenta días posteriores a su resurrección.

2. Es cierto que oraron, pero ellos ya habían elegido a los dos candidatos. Oraron después de tomar la decisión de nombrar a otro apóstol. Es muy común en la iglesia de hoy; tomamos la decisión y oramos para que Dios la bendiga. O le ofrecemos a Dios algunas opciones, en lugar de entregarle todo a Él. Para algo tan importante, debe quedar muy claro lo que quiere Dios.

3. Echar suertes era común en el Antiguo Testamento, pero solo en los primeros años de la nación se vio de manera positiva (Levítico 16:8, Números 26:55 y Josué 7:14 y 18:6). Ningún ejemplo tiene que ver con algo de mucha importancia espiritual. Los otros ejemplos no son de gente piadosa (el rey Saúl en 1 Samuel 14:42, los marineros en Jonás 1:7, Amán en Ester y los soldados en la crucifixión de Jesús). Nunca se practicó en el ministerio de Jesús o después de Pentecostés. El patrón es orar juntos, esperar una palabra de Dios y llegar a un acuerdo unánime.

4. Pedro toma las escrituras completamente fuera de contexto para apoyar su plan. ¡Y se contradicen entre sí!

La primera dice que nadie habite su lugar, la segunda que otro se haga cargo de su oficio.

5. Nunca escuchamos nada más sobre Matías. Es cierto que hay otros de los Doce que no aparecen en Hechos, pero es raro que él nunca aparezca, ni siquiera en los libros apócrifos del primer siglo.

6. Cuando Jacobo murió varios años después, no hicieron nada para nombrar a otro apóstol que tomara su lugar.

7. Muchos creen que la selección de Dios fue Pablo. Los frutos de esa elección lo confirman. Pedro y los demás no querían esperar el tiempo del Señor.

Dios no los reprende. Parece que Él simplemente ignora algo hecho en la carne, sabiendo que pronto el Espíritu Santo los bautizaría y se transformarían. Pero hay varias consecuencias posibles cuando actuamos en la carne:

1. Lastimamos a la persona elegida, en este caso Matías. Le damos una falsa esperanza y un llamado que no es de Dios.

2. Damos un mal ejemplo para los creyentes jóvenes.

3. Podemos causar conflictos, como los que existieron a veces entre Pablo y los demás apóstoles.

¿Fue un error? Yo puedo estar equivocado, pero creo que hay varios puntos importantes para nuestra reflexión que nos pueden ayudar cuando estamos administrando la iglesia de Jesucristo. Me recuerda la queja de Dios contra Israel en Oseas 8:4: *Establecen reyes que yo no apruebo, y escogen autoridades que no conozco.* Yo no quiero caer en el error de Israel, o hacer en la carne algo tan importante como elegir a un apóstol.

¿Cuál sería la aplicación de este pasaje?

- Si eres pastor o líder, tienes una gran responsabilidad de guiar bien a tu gente. Espera en el Señor por su voluntad. Ten mucho cuidado de no perseguir cosas dudosas, como echar suertes, para discernir la voluntad de Dios. Y ten la humildad de confesar errores y recibir la corrección del Señor u otros.
- Si eres un seguidor y ves algo cuestionable, ten la confianza de cuestionar al pastor o líder. No son infalibles. Con humildad, puedes cuestionar una decisión que parece estar en contra de la palabra de Dios.
- Aprende a interpretar la Palabra de Dios sanamente.

3

Sobrenatural: llenos del Espíritu

Hechos 2

El objetivo de estos cuatro libros ha sido andar como Jesús anduvo. Ya hemos visto cinco errores que los apóstoles cometieron en los primeros días después de la ascensión de Jesucristo. ¿Son estos los hombres que van a transformar el mundo? Bueno, ya sabemos que les faltaba el ingrediente más importante: el Espíritu Santo, la persona que hace posible caminar como Jesús.

Leyendo Hechos 2, quiero hacer una propuesta sencilla pero muy radical: ¿Por qué no seguimos el ejemplo de la iglesia primitiva? Es la base de este último libro de la serie: Tú también puedes hacer lo que hicieron estos creyentes. Claro que en aquellos días Dios quería establecer la iglesia, pero si lo hizo hace 2000 años, ¿por qué no puede hacer lo mismo hoy? ¿No hay aún más necesidad? Yo creo que sí.

Encontramos en Hechos 2 tres cosas que pueden transformar tu vida y tu iglesia por completo. La palabra que resume el capítulo es "sobrenatural"; es una obra soberana de Dios. ¿Quieres una vida sobrenatural? ¿Crees que Dios puede, y quiere, moverse en tu vida sobrenaturalmente? Prepárate para algo poderoso.

Primer paso: Todos llenos del Espíritu

¹Cuando llegó el día de Pentecostés, estaban todos unánimes juntos.

Los discípulos obedecieron el mandato de Jesús de esperar el poder del Espíritu Santo. Dios trabaja cuando estamos juntos, sometidos a obedecerle y con el mismo sentir y el mismo corazón. El hermano que no tenía ganas de ir al aposento alto esa mañana no recibió el Espíritu Santo.

² Y de repente vino del cielo un estruendo como de un viento recio que soplaba, el cual llenó toda la casa donde estaban sentados; ³y se les aparecieron lenguas repartidas, como de fuego, asentándose sobre cada uno de ellos. ⁴ Y fueron todos llenos del Espíritu Santo, y comenzaron a hablar en otras lenguas, según el Espíritu les daba que hablasen.

Esta fue totalmente una obra soberana de Dios, aunque ellos tenían su parte: estaban juntos, tenían una expectativa y estaban en oración. Pero no hicieron nada para facilitar estas lenguas; no había música especial ni un apóstol que orara por ellos.

La multitud que no estaba muy entregada a Cristo ya había abandonado a estos discípulos; los 120 restantes estaban comprometidos con Jesús. Cuando Dios se mueve de esta manera, es para todos, no solo para la gente más espiritual.

- El viento llenó *toda* la casa.
- La lengua de fuego se asentó sobre *todos* los presentes.
- *Todos* fueron llenos del Espíritu.
- *Todos* hablaron en otras lenguas.

Dios tenía *todo* el control. Vino del cielo, como lenguas de fuego. El Espíritu Santo se apoderó de ellos y les daba que hablasen.

Lenguas

Un estudio en profundidad de lenguas es útil, pero no para este libro. Por alguna razón, hay mucha controversia acerca de este don. Muchos que quieren hablar en lenguas no las reciben. Algunos dicen que es el signo esencial del bautismo del Espíritu, basado en parte en estos versículos, pero la Biblia nunca dice que sea el único signo. Pablo dice que él hablaba en lenguas más que todos, y desea que todos hablen en lenguas (1 Corintios 14:5 y 18). El problema en Corinto fue que un don que Dios nos dio para facilitar la comunicación con Él se convirtió en una fuente de orgullo, y los cultos en Corinto eran caóticos, con todos hablando en lenguas a la vez. Pablo dice que son lenguas angelicales, y tenemos que orar en español (con la mente), y también con el Espíritu, en lenguas (1 Corintios 14:14-15). Es un lenguaje de oración; cuando no sé cómo orar, el Espíritu ora por mí.

He visto mucha manipulación para ayudar a la gente a hablar en lenguas, como instrucciones para repetir "alaba" rápidamente. A veces, si la persona supuestamente habla en lenguas una vez, dicen: "Qué bueno, recibió el bautismo". ¡Y puede que nunca vuelva a hablar en lenguas! Es muy común tener dudas al principio sobre si es de Dios o no. Como cualquier idioma, debes practicar y desarrollar este lenguaje.

El bautismo del Espíritu

Lo importante aquí no son las lenguas sino el bautismo del Espíritu Santo. ¿Qué podemos decir acerca de este bautismo?

- Es bíblico. Es la promesa del Padre y de Jesucristo. Él dijo que no nos dejaría huérfanos, sino que vendría a nosotros (Juan 14:18).

- A veces es un derramamiento soberano, pero a menudo tenemos que pedirlo: *Pues, si ustedes, aun siendo malos, saben dar cosas buenas a sus hijos, ¡cuánto más el Padre celestial dará el Espíritu Santo a quienes se lo pidan!»* (Lucas 11:13) ¡Dios quiere darte su Espíritu! ¡Pídele por ello!

- Para experimentar la vida de la iglesia primitiva, este bautismo es esencial.

- A menudo es una experiencia poderosa que hace que pierdas el control de tu lengua y alabes a Dios y ores en otras lenguas.

Yo recibí el bautismo solo. Estaba leyendo un libro llamado <u>Poder en la Alabanza</u> y empecé a alabar a Dios en inglés. De repente, estaba alabando en otra lengua, y sentí que olas me cubrían con el amor y la presencia de Dios. Mi vida fue transformada:

- Pasé mucho tiempo en oración y adoración.
- La Biblia cobró vida para mí.
- Dios me dio muchas oportunidades para testificar de mi fe.
- El Espíritu me dio poder para vencer la tentación y el pecado.

[5] Moraban entonces en Jerusalén judíos, varones piadosos, de todas las naciones bajo el cielo. [6] Y hecho este estruendo, se juntó la multitud; y estaban confusos, porque cada uno les oía hablar en su propia lengua. [7] Y estaban atónitos y maravillados, diciendo: Mirad, ¿no son galileos todos estos que hablan? [8] ¿Cómo, pues, les oímos nosotros hablar cada uno en nuestra lengua en la que hemos nacido? [9] Partos, medos, elamitas, y los que habitamos en Mesopotamia, en Judea, en Capadocia, en el

Ponto y en Asia, [10] en Frigia y Panfilia, en Egipto y en las regiones de África más allá de Cirene, y romanos aquí residentes, tanto judíos como prosélitos, [11] cretenses y árabes, les oímos hablar en nuestras lenguas las maravillas de Dios.

¿Lenguas conocidas?

Dios derramó su Espíritu en el momento justo: gente de todas las naciones estaba en Jerusalén para la fiesta de Pentecostés (la Fiesta de las Semanas). Desde ese Aposento Alto, se podía oír la bulla en toda la ciudad. No tenían que anunciar el culto, pagar publicidad ni rogar a la gente que viniera.

Yo creo que hubo dos milagros ese día: en la lengua de los creyentes y en los oídos de los demás. Muchos han dicho que los discípulos estaban hablando en lenguas conocidas, de todos estos países. Pero tres veces dice "les oímos hablar"; por esa razón estaban confusos y atónitos. Se puede hacer un experimento sencillo: toma 120 personas, hablando lo suficientemente alto para atraer a una multitud. Aquí él menciona 15 grupos distintos; si 120 personas hablan 15 idiomas al mismo tiempo, no se puede entender nada. Dios realizó un milagro de traducción para cada persona.

[12] Y estaban todos atónitos y perplejos, diciéndose unos a otros: ¿Qué quiere decir esto? [13] Mas otros, burlándose, decían: Están llenos de mosto.

El mundo quedará atónito y perplejo cuando vea una iglesia llena del Espíritu. Estamos tan alegres y bajo la influencia del Espíritu que parecemos embriagados.

El primero de los tres pasos importantes en este capítulo es esperar y buscar el bautismo del Espíritu Santo.

Segundo paso: Predicar el Evangelio

Alguien tiene que explicar a la gente lo que está sucediendo. Dios bautizó a los creyentes soberanamente. Nadie les impuso las manos, predicó u oró por ellos. Dios puede dar el mensaje de salvación a alguien en sueños, pero casi siempre Él usa a nosotros. Dios nos llama a evangelizar. ¡Sería un gran pecado no decirles nada a toda esta gente reunida!

El segundo punto es salir bajo la unción del Espíritu para predicar el evangelio, con la expectativa de que Dios quiera salvar a muchos. No es sorprendente que ese día fuera Pedro, el líder de los discípulos, quien predicó.

14 Entonces Pedro, poniéndose en pie con los once, alzó la voz y les habló diciendo: Varones judíos, y todos los que habitáis en Jerusalén, esto os sea notorio, y oíd mis palabras.

Este es el mismo Pedro que hace unos cincuenta y tres días negó conocer a Jesús por temor a los judíos. Hace unas dos semanas, estaba listo para tirar la toalla y volver a su vida vieja; fue a pescar. Pero ahora está lleno del Espíritu y denuedo, y predica con unción.

La profecía de Joel cumplida

15 Porque éstos no están ebrios, como vosotros suponéis, puesto que es la hora tercera del día. 16 Mas esto es lo dicho por el profeta Joel:

*17 Y en los postreros días, dice Dios,
Derramaré de mi Espíritu sobre toda carne,
Y vuestros hijos y vuestras hijas profetizarán;
Vuestros jóvenes verán visiones,
Y vuestros ancianos soñarán sueños;*

¹⁸ Y de cierto sobre mis siervos y sobre mis siervas en aquellos días
Derramaré de mi Espíritu, y profetizarán.

¹⁹ Y daré prodigios arriba en el cielo,
Y señales abajo en la tierra,
Sangre y fuego y vapor de humo;

²⁰ El sol se convertirá en tinieblas,
Y la luna en sangre,
Antes que venga el día del Señor,
Grande y manifiesto;

²¹ Y todo aquel que invocare el nombre del Señor, será salvo.

Pedro predica la Palabra de Dios. Nuestra predicación tiene que ser basada en la Biblia. Pedro cita una profecía de Joel, que también se aplica a nosotros:

- Es algo nuevo y muy especial para estos días postreros: Dios derramará su Espíritu sobre toda carne. En el Antiguo Testamento, solo unos pocos reyes o profetas recibieron el Espíritu; ahora es para cada creyente.

- La profecía, las visiones y los sueños deben ser parte de nuestra experiencia. Dios quiere revelarse y comunicarse con nosotros.

²² Varones israelitas, oíd estas palabras: Jesús nazareno, varón aprobado por Dios entre vosotros con las maravillas, prodigios y señales que Dios hizo entre vosotros por medio de él, como vosotros mismos sabéis; ²³ a éste, entregado por el determinado consejo y anticipado conocimiento de Dios, prendisteis y matasteis por manos de inicuos, crucificándole; ²⁴ al cual Dios levantó, sueltos los dolores de la muerte, por cuanto era imposible que fuese retenido por ella.

David profetiza al Mesías

Otra vez Pedro vuelve a las Escrituras, citando un Salmo escrito por el amado rey David:

> ²⁵ *Porque David dice de él:*
> *Veía al Señor siempre delante de mí;*
> *Porque está a mi diestra, no seré conmovido.*

> ²⁶ *Por lo cual mi corazón se alegró, y se gozó mi lengua,*
> *Y aun mi carne descansará en esperanza;*

> ²⁷ *Porque no dejarás mi alma en el Hades,*
> *Ni permitirás que tu Santo vea corrupción.*

> ²⁸ *Me hiciste conocer los caminos de la vida;*
> *Me llenarás de gozo con tu presencia.*

²⁹ *Varones hermanos, se os puede decir libremente del patriarca David, que murió y fue sepultado, y su sepulcro está con nosotros hasta el día de hoy.* ³⁰ *Pero siendo profeta, y sabiendo que con juramento Dios le había jurado que de su descendencia, en cuanto a la carne, levantaría al Cristo para que se sentase en su trono,* ³¹ *viéndolo antes, habló de la resurrección de Cristo, que su alma no fue dejada en el Hades, ni su carne vio corrupción.* ³² *A este Jesús resucitó Dios, de lo cual todos nosotros somos testigos.*

³³ *Así que, exaltado por la diestra de Dios, y habiendo recibido del Padre la promesa del Espíritu Santo, ha derramado esto que vosotros veis y oís.* ³⁴ *Porque David no subió a los cielos; pero él mismo dice:*
> *Dijo el Señor a mi Señor: Siéntate a mi diestra,* ³⁵ *Hasta que ponga a tus enemigos por estrado de tus pies.*

[36] Sepa, pues, ciertísimamente toda la casa de Israel, que a este Jesús a quien vosotros crucificasteis, Dios le ha hecho Señor y Cristo.

¿Qué observamos acerca de su prédica? ¿Cómo se compara con la nuestra?

1. Fue muy sencilla; hoy queremos una predicación muy compleja e impresionante.

2. El enfoque es Jesucristo; él exalta a Jesús. Hoy es común exaltarse a sí mismo y entretener a la gente. Muchas veces me pregunto: ¿Dónde está Cristo en este mensaje?

3. Él predica la Biblia y explica lo que dice; hoy escucho a muchos que citan un verso de la Biblia y luego ni siquiera mencionan la Biblia.

4. No es una predicación muy larga; actualmente hay muchos sermones muy largos.

5. No tiene temor; habla sobre la culpabilidad de los judíos. Muchos pastores de hoy tienen temor de hablar sobre temas delicados como el pecado y la santidad.

Así son los grandes evangelistas: no traen una revelación nueva, sino que hablan con la unción del Espíritu, y el Espíritu hace toda la obra. Pedro no tiene que rogarles; el Espíritu está trabajando en sus corazones.

[37] Al oír esto, se compungieron de corazón, y dijeron a Pedro y a los otros apóstoles: Varones hermanos, ¿qué haremos? [38] Pedro les dijo: Arrepentíos, y bautícese cada uno de vosotros en el nombre de Jesucristo para perdón de los pecados; y recibiréis el don del Espíritu Santo. [39] Porque para vosotros es la promesa, y para vuestros hijos, y para todos los que están lejos; para cuantos

el Señor nuestro Dios llamare. [40] *Y con otras muchas palabras testificaba y les exhortaba, diciendo: Sed salvos de esta perversa generación.*

¿Cómo se debe responder al mensaje?

¿Qué tenemos que comunicarle a alguien que quiere aceptar a Cristo y ser salvo? ¿Qué tiene que hacer?

- Arrepentirse
- Bautizarse y recibir el perdón del pecado
- Esperar que sin duda recibirá el don del Espíritu Santo

No habla de prosperidad, de todas las bendiciones o de cómo Dios va a solucionar todos sus problemas, sino del arrepentimiento, el bautismo en agua y el bautismo en el Espíritu.

[41] *Así que, los que recibieron su palabra fueron bautizados; y se añadieron aquel día como tres mil personas.*

Dios sabe que los apóstoles están preparados para que la iglesia crezca y cuide a todos estos nuevos creyentes. En un solo día, la iglesia creció de 120 a tres mil. ¿Es posible hoy? ¿Por qué no? Cuando el Espíritu tiene toda la libertad, debemos ver muchas conversiones. No tenemos que atraer a cristianos de otras iglesias; Dios va a añadir nuevos creyentes. Es una gran responsabilidad cuidar a tantos nuevos, y esa es la tercera parte. No queremos perder la cosecha. No queremos decisiones, sino discípulos; Jesús nos mandó hacer discípulos.

[42] *Y perseveraban en la doctrina de los apóstoles, en la comunión unos con otros, en el partimiento del pan y en las oraciones.*

Tercer paso: Un compañerismo sobrenatural

Aquí hay cuatro características muy importantes de una iglesia llena del Espíritu:

- Perseveran en la sana doctrina de las Escrituras. Enseñan, predican y estudian la Biblia.
- Disfrutan de una comunión dulce entre ellos.
- Comparten la Santa Cena para recordarse de que Jesús es el centro de la iglesia. También pueden incluir compartir una comida.
- Oran juntos.

43 Y sobrevino temor a toda persona; y muchas maravillas y señales eran hechas por los apóstoles.

La naturaleza de la iglesia es sobrenatural: maravillas, señales, liberaciones y sanidades deberían ser una parte normal de nuestra experiencia. Cuando Dios empieza a liberar a adictos y endemoniados, y cuando Él sana a gente conocida en la comunidad, la noticia se difunde rápidamente. Cuando Dios se manifiesta así, hay un temor que sobreviene a la gente; saben que el Dios vivo está allí y respetan a los creyentes.

44 Todos los que habían creído estaban juntos, y tenían en común todas las cosas; 45 y vendían sus propiedades y sus bienes, y lo repartían a todos según la necesidad de cada uno.

Esta es una comunión radical: tenían en común todas las cosas. Había igualdad entre los hermanos. Los más ricos vendían sus propiedades y compartían con los necesitados, dentro y fuera de la iglesia. Nadie tenía necesidad. Ya esas cosas materiales ya no importan mucho; ¡Cristo es toda su vida! Esto es muy radical y algo que se ve muy poco hoy.

Cuando el Espíritu nos llena, queremos estar con nuestros hermanos. No solo los domingos y un día entre semana, sino que estaban juntos toda la semana.

46 Y perseverando unánimes cada día en el templo, y partiendo el pan en las casas, comían juntos con alegría y sencillez de corazón, 47 alabando a Dios, y teniendo favor con todo el pueblo. Y el Señor añadía cada día a la iglesia los que habían de ser salvos.

¿Qué más registra este capítulo sobre una iglesia viva, sana y llena del Espíritu?

- Se reunían cada día. En la universidad y en la prisión, yo vi la gran diferencia que las reuniones diarias hacían en la iglesia. Un par de horas en la iglesia los domingos no es suficiente para sostener la vida cristiana.
- Perseveraban unánimes. No había división ni contiendas. Mantenían la unidad que proviene de compartir el mismo Espíritu. No es algo que podamos fabricar.
- También compartían comidas en las casas.
- Sus vidas se caracterizaron por la alegría y la sencillez de corazón.
- Alababan a Dios.
- Tenían el favor de todo el pueblo, dentro y fuera de la iglesia. Eran conocidos por su honestidad, sinceridad y generosidad.
- Esa vida atrae a la gente. Todo esto es poderoso. Cada día, el Señor añadía más gente a la iglesia.

¿No es lo que nosotros queremos también en nuestras iglesias?

¡No caigas de nuevo en la ley!

Ahora, hay algo muy importante que fácilmente puede destruir una iglesia. No podemos programar estas cosas. No planeamos reuniones en las casas y obligamos a todos a participar. No llenamos una agenda de cultos diarios. No presionamos a nadie para que venda su casa u ofrende. Esa es la ley. Ese es el Antiguo Testamento. Cuando estamos llenos del Espíritu, estas cosas suceden naturalmente. Queremos orar con nuestros hermanos. Anhelamos más tiempo con ellos. Dios trae gente a nosotros para testificarles. Todo tiene que fluir del Espíritu.

¿Cómo es tu experiencia? ¿Similar a lo que vemos en este capítulo? ¿O te recuerda lo que experimentaste hace muchos años? Si no, ¿podría explicar por qué la iglesia es aburrida para ti y a veces tienes dudas sobre si Dios es real? ¿Puede Hechos proveer un modelo para tu vida y tu iglesia?

4

"Lo que tengo, te doy"

Hechos 3

¡Guau! Qué comienzo. De la noche a la mañana, la iglesia tiene miles de creyentes llenos del Espíritu Santo, y sigue creciendo. Hay gozo, amor y poder. Tienen el favor de todo el pueblo. Parece que nada puede detener este avivamiento. ¿Qué deben hacer los apóstoles ahora? ¿Cuál sería el siguiente paso? No intentan inventar algún programa nuevo para mantener el impulso. Permanecen fieles y andan con Jesús como siempre. Hacen lo que su Maestro haría. Jesús nunca nos mandó edificar templos ni iniciar programas. Nos mandó hacer discípulos, sanar a los enfermos, liberar a los endemoniados, predicar el evangelio y amar.

Los discípulos ya han aprendido que cuando seguimos las huellas de Cristo, Él va a preparar el camino. Este es un buen consejo para ti cuando no sabes qué hacer: sigue como siempre en la iglesia, en comunión con otros hermanos y en oración al Señor. Es una vida emocionante, llena de sorpresas.

Rutinas

¹*Pedro y Juan subían juntos al templo a las tres de la tarde, que es la hora de la oración.* (RVR)

Juntos. Allí está otra vez. En Pentecostés, los hermanos estaban *juntos.* Ahora Pedro y Juan subían *juntos* al templo. Dios quiere liberarnos de nuestra soledad para andar *juntos* con otros hermanos y hermanas. Dios nos ha creado para amistades genuinas, para compañerismo, para tener a alguien que realmente camina conmigo, y no solo físicamente, sino unidos en corazón y espíritu.

Todos los días subían al templo a esa hora para orar juntos. Era su rutina. Sí, la iglesia puede convertirse en una rutina, pero hay buenas rutinas. Durante muchos años, el fundamento de mi vida espiritual ha sido el tiempo que paso con mi Señor temprano en la mañana. Me alegra haber sido alentado como nuevo creyente a establecer esa rutina. Al principio, pensaba que si perdía ese tiempo devocional, el día sería malo, pero Dios entiende y es misericordioso. No lo hago legalistamente. Habrá momentos de enfermedad o situaciones inusuales en los que no podamos subir al templo, pero la iglesia y el tiempo devocional diario son rutinas que siempre quiero mantener. Lo hago cada mañana porque mi alma anhela ese tiempo de comunión con mi Señor y Salvador. Voy a la iglesia porque soy parte de ese cuerpo y quiero adorar a Dios, escuchar la Palabra y estar con mis hermanos. No depende del clima, de quién más vaya al templo o de mis emociones. Así era para Pedro y Juan: la hora novena (las tres de la tarde) era un momento determinado para estar en comunión con Dios y con otros en el templo.

² Y era traído un hombre cojo de nacimiento, a quien ponían cada día a la puerta del templo que se llama la Hermosa, para que pidiese limosna de los que entraban en el templo. (RVR)

Esta puerta se llamaba "la Hermosa," pero no era hermosa para este hombre. Hay gente en la iglesia que ha experimentado tragedias; es duro mantener la sonrisa y la "gloria a Dios" ante enfermedades, depresión o problemas familiares. Yo vivo en un país lindo; dicen que es el país más feliz del mundo, la tierra de la "pura vida". Ese ambiente es genial, pero, para algunos, empeora aún más la depresión. Para este hombre, la puerta hermosa le recordaba todos los días que él no era hermoso. Ni siquiera podía entrar al templo; fue prohibido debido a su discapacidad.

Gracias a Dios, nadie tiene que quedarse fuera de la iglesia hoy. He estado en iglesias que claramente son para la "gente hermosa". Su templo tiene puertas hermosas y bancos cómodos (con cojines, por supuesto). No es pecado tener un templo hermoso, pero la iglesia es para todos. Como vi en el rótulo de una iglesia: "Los pecadores son bienvenidos aquí." ¿Se sienten bienvenidas en tu iglesia las personas discapacitadas, pobres o "feas" a los ojos del mundo?

Alguien trajo a este hombre y lo dejó en esa puerta cada día, lo que significa que seguramente Juan y Pedro lo habían pasado muchas veces, e incluso Jesús lo vio allí, pero por alguna razón, el tiempo de Dios para él no había llegado. Tú puedes sentirte como ese hombre. Vas a la iglesia con la expectativa de recibir algo. Los ministros y otros líderes alaban a Dios y dicen que Jesús está presente. Otros reciben sus milagros, pero parece que tu turno nunca llegará. No te rindes. Sigue asistiendo a la iglesia. Cristo es tu esperanza.

Gracias a Dios por las personas que llevan a gente como este hombre a la iglesia, ya sea físicamente, en oración o mediante su apoyo emocional. A menudo es una madre o el cónyuge. ¿Hubo alguien en tu vida que te llevó a la iglesia? Dale gracias a Dios por esa persona.

Lo peor es estar discapacitado y no tener a nadie que te cuide. Nadie se preocupa por ti. La buena noticia es que Cristo te conoce y te ama. Si ya has experimentado el toque del Señor, tú puedes ser el instrumento en su mano para llevar a alguien a la iglesia, o mejor aún, ser un Pedro o un Juan para él.

Era una rutina para este hombre, pero no una rutina agradable. Era la única vida que conocía. Él se vio obligado a pedir limosnas para sobrevivir, como muchos que dependen de cosas muy humildes para subsistir. Tenemos que evaluar nuestras rutinas y desechar las que no funcionan. En la ignorancia, podemos mantener a otros en rutinas poco saludables, como los amigos de este hombre. Es mejor enseñarle a un hombre a pescar que darle un pez. Tal vez tú puedas ayudar a alguien a romper una rutina que no funciona y llevarlo a Jesucristo. Jesús quiere mucho más para este hombre que pedir limosnas todos los días.

Gracias a Dios por su perseverancia; Jesús nos habló de su importancia en la oración. Estoy seguro de que pudo haber habido días en que él quería morir, incluso quitarse la vida, pero cada día iba al templo. Todos los días tenemos que entrar en el lugar santo, en presencia de Dios, y pedir limosna, sanidad y ese milagro que necesitamos.

Mirar fijamente

3 Cuando este vio que Pedro y Juan estaban por entrar, les pidió limosna.

Parece que, como en otros días, Pedro y Juan querían llegar a tiempo para la oración y no estaban pensando en este hombre. Podemos estar tan acostumbrados a ver a alguien en nuestro vecindario o en la calle que la persona casi desaparece y no podemos ver su necesidad. Pedro y Juan iban a entrar sin ofrecer un peso al cojo. Hay veces en que voy a la iglesia y veo a alguien necesitado en la calle, y me siento como el levita o el sacerdote en la parábola del buen samaritano. Incluso yo puedo decirle "Dios le bendiga" u ofrecerle algo, pero tengo que confesar que estoy pensando en llegar al culto a tiempo.

⁴ Pedro, con Juan, mirándolo fijamente, le dijo: —¡Míranos!

Tal como nosotros a veces no vemos a la gente necesitada, muchas veces ellos tampoco nos miran. Parece que cuando él rogó limosna, el Espíritu tocó algo en Pedro. Mientras Pedro y Juan lo miraron fijamente, creo que Dios les dijo que quería sanarlo y les dio la fe para mandar una curación. No siempre caminamos por la calle mandando una curación para cada enfermedad, ni entramos en un hospital y realizamos curaciones a todos, pero cuando Dios nos habla de algo que Él quiere hacer, tenemos que obedecerlo.

Mira a la gente que encuentras durante el día. Hoy más que nunca, muchos andan todo el tiempo con los ojos en el teléfono. Es casi raro hacer ese contacto visual y tener esa conexión. No cuesta nada mirar a alguien a los ojos, sonreír y decirle "buenos días" o "Dios le bendiga". Hay una gran diferencia entre las ciudades grandes y los pueblos pequeños, pero incluso en el campo estamos perdiendo ese calor. Es aún más importante saludar a nuestros hermanos cristianos. Con demasiada frecuencia, un hermano de la iglesia pasa a otro hermano en la calle y no lo saluda.

Fija tus ojos en otros. Míralos. Sé sensible al Espíritu y a lo que te revela acerca de la persona. Es común recibir una palabra de ciencia en ese momento.

⁵ Entonces él les estuvo atento, esperando recibir de ellos algo. (RVR)

Me recuerda a mi perro. Si él cree que va a recibir algo, está muy atento. El cojo no tiene muchas expectativas; solo pide algunas monedas para sobrevivir un día más. Todos quieren recibir algo, ¿verdad? Tenemos que ofrecer algo para que estén atentos a nosotros; como creyentes en Jesucristo, hay más dicha en dar que en recibir. He escuchado muchas veces de gente que deja una iglesia y tiene esta queja: "no recibo nada allí". Claro que es importante recibir apoyo y alimento espiritual, pero a veces debemos pensar: ¿Qué puedo dar?

Lo que tengo te doy

6 —No tengo plata ni oro —declaró Pedro—, pero lo que tengo te doy. En el nombre de Jesucristo de Nazaret, ¡levántate y anda!

El hombre no pidió una sanación. No hay ninguna evidencia de fe. Pedro no dice: "¿Puedo orar por ti? Puede que Dios te sane." No, con su fe, Pedro le manda levantarse y andar. Es como si Cristo mismo estuviese allí. Hay poder en el nombre de Jesús para sanar. ¿Tienes la fe para mandar a un cojo a levantarse y andar? ¿Tienes los oídos para oír la voz del Espíritu decir: "Yo quiero sanar a ese hombre"?

Qué interesante que Pedro y Juan no tuvieran dinero. Eran los líderes de los apóstoles, pero eran pobres, y eso a pesar de lo que dice el capítulo anterior sobre las personas que vendieron sus casas y dieron el dinero a los pobres. Jesús nunca le pidió dinero a nadie, ni le regaló dinero a nadie. No quería manejar el dinero. Por supuesto, los discípulos tenían dinero. Su tesorero era famoso: Judas Iscariote. Robó dinero y traicionó a Jesús por treinta piezas de plata. Con razón Pedro y Juan no tenían plata ni oro.

No importa si tú no tienes dinero, tú tienes algo mucho más importante, que no tiene costo alguno. La falta de oro y plata nunca debe impedir el ministerio de Jesucristo. ¿Estás dispuesto a dar lo que tienes? Todos podemos dar el amor de Cristo, la Palabra de Dios y un abrazo. ¿Qué más has recibido de la mano de Dios que puedas compartir? Si Él te ha bendecido con plata y oro, ¿estás dispuesto a compartirlo?

Tómalo por la mano

⁷ Y tomándolo por la mano derecha, lo levantó. Al instante los pies y los tobillos del hombre cobraron fuerza.

No fue suficiente para Pedro solo mandar la curación; él extendió la mano y lo levantó. ¡Me gusta la precisión de la Palabra de Dios! Lucas registra que fue la mano derecha. El cojo no respondió solo a ese mandato de levantarse y andar; fue cuando Pedro lo tocó que cobraron fuerza sus pies y tobillos. Pedro tuvo que levantarse. A veces, no es suficiente solo predicar o decir "Dios te bendiga, hermano". Tenemos que extender la mano y levantar a la persona. Sí, cuesta más tiempo y más trabajo. A veces, no queremos tocar a esa persona sucia y enferma. Un judío bajo la ley puede permanecer inmundo, pero ese toque es muy importante. ¿Hay alguien a quien tú tengas que levantar? Es posible que le hayas predicado varias veces y orado por él, pero necesita tu mano extendida para levantarse.

El pueblo lleno de admiración y asombro

⁸ ¡Se levantó de un salto, se puso de pie y comenzó a caminar! Luego entró en el templo con ellos caminando, saltando y alabando a Dios. (NTV)

Ahora, con los pies y tobillos fortalecidos y el apoyo de Pedro, se puso de pie y anduvo. Saltó, con un toque poderoso de Dios, y entró al templo con ellos. Eso es tan importante. A veces ministramos a gente en la calle, pero nunca entra al templo con nosotros. Puede que no los invitemos, o que algunos, como un exrecluso, no sean bienvenidos en el templo. Pueden apestar e interrumpir el culto bien ordenado y planeado. ¡Pero gloria a Dios por aquellas personas a quienes Dios ha tocado, y que saltan y alaban al Señor!

¿Y tú? Cuando Dios hace algo impresionante en tu vida, ¿vas directamente a la iglesia para agradecerle?

⁹Cuando todo el pueblo lo vio caminar y alabar a Dios, ¹⁰lo reconocieron como el mismo hombre que acostumbraba pedir limosna sentado junto a la puerta llamada Hermosa, y se llenaron de admiración y asombro por lo que le había ocurrido.

Cuando Dios realiza un milagro como este, le gusta hacerlo en público, para que todo el pueblo lo vea. ¡Y quiere que la gente se llene de asombro y espanto! ¿Cuándo fue la última vez que sucedió algo en tu vida, tu ministerio o tu iglesia que llenó a la gente de admiración y asombro? ¿No crees que Dios todavía quiere glorificarse a sí mismo de esa manera?

¹¹Mientras el hombre seguía aferrado a Pedro y a Juan, toda la gente, que no salía de su asombro, corrió hacia ellos al lugar conocido como Pórtico de Salomón.

Otra versión dice *"no soltaba a Pedro y a Juan"*. Qué bueno tener esa relación. Cuando tú ministras a alguien y Dios lo toca, es natural que no quiera soltarte. Por supuesto, necesitamos límites para proteger a nuestras familias y nuestras vidas personales, pero esa relación es muy importante para un nuevo creyente.

Está claro que el centro de atención ya no es la oración habitual, sino el espectáculo de este hombre sano. Al igual que Pentecostés, cuando el pueblo está atónito, tenemos que aprovechar esa oportunidad para compartir la Palabra de Dios.

El Pórtico de Salomón era un pórtico a lo largo del lado interno de la pared que encierra el patio exterior del templo, con hileras de columnas de piedra de ocho metros (26 pies) de altura y un techo de cedro. Juan 10:23 menciona a Jesús caminando en este pórtico.

Jesús glorificado

12 Al ver esto, Pedro les dijo: «Pueblo de Israel, ¿por qué les sorprende lo que ha pasado? ¿Por qué nos miran como si, por nuestro propio poder o virtud, hubiéramos hecho caminar a este hombre?

Pedro inicia su sermón con dos preguntas. Jesús era un maestro en el uso de preguntas, y la primera aquí revela la incredulidad de esta gente reunida para la oración. ¿Por qué nos sorprende cuando Dios hace su obra y contesta una oración? Debería ser normal en nuestras iglesias.

La segunda pregunta revela la tendencia humana a mirar al vaso, al hombre, en lugar de la fuente del poder. Pedro inmediatamente quita la vista de sí mismo, y eso de alguien que antes estaba demasiado listo para jactarse. ¿Por qué exaltamos al evangelista, apóstol o pastor que tiene un ministerio ungido? ¿Por qué caemos en esa tentación de proyectar que un ministerio tiene algo que ver con nuestro poder o virtud?

13 El Dios de Abraham, de Isaac y de Jacob, el Dios de nuestros antepasados, ha glorificado a su siervo Jesús. Ustedes lo entregaron y lo rechazaron ante Pilato, aunque este había decidido soltarlo. 14 Rechazaron al Santo y Justo, y pidieron que se indultara a un asesino. 15 Mataron al autor de la vida, pero Dios lo levantó de entre los muertos, y de eso nosotros somos testigos.

Pedro dirige su atención a Jesús. Hay tres partes evidentes en lo que dice aquí:

1. Quién es Cristo. Es un siervo de Dios, a quien Dios glorificó. Hay una relación íntima de Cristo con el mismo Dios a quien Israel siempre ha adorado. Aunque no introduce aquí el concepto de la Trinidad, Pedro lo llama Santo y Justo, lo cual lo hace igual a Dios. Es el autor de la vida, lo que significa que es creador, otra referencia a su divinidad.
2. Igual que lo hizo en Pentecostés, los culpa con varias palabras muy fuertes.
   a. Ellos lo entregaron.
   b. Lo rechazaron ante Pilato (aunque él quería soltarlo).
   c. Pidieron que se indultara a un asesino.
   d. Mataron al autor de la vida.
3. A pesar de ese rechazo, Dios realizó un gran milagro y lo levantó de entre los muertos; Pedro y Juan son testigos de su resurrección.

16 Por la fe en el nombre de Jesús, él ha restablecido a este hombre a quien ustedes ven y conocen. Esta fe que viene por medio de Jesús lo ha sanado por completo, como les consta a ustedes.

El milagro se logró por la fe en Jesús. Cuando dice *"en el nombre"* no es solo decir su nombre, sino que expresa fe en todo lo que Cristo es. Pedro dice algo muy importante: la fe no es algo que nosotros fabricamos o tenemos que fomentar, la fe misma viene por medio de Jesús. Él nos da la capacidad de creer en Él; luego edificamos esa fe con ejercicio, la Palabra de Dios y la iglesia. Una y otra vez vemos la importancia de la fe en recibir un milagro. ¿Cómo está tu fe?

Cuando oramos por sanidad, es bueno orar por una curación por completo. Este no es siempre el caso, por varias razones, pero Cristo puede sanar por completo. ¿Y por qué no? ¡Él recibe más gloria!

Tiempos de refrigerio

¹⁷»Ahora bien, hermanos, yo sé que ustedes y sus dirigentes actuaron así por ignorancia. ¹⁸ Pero de este modo Dios cumplió lo que de antemano había anunciado por medio de todos los profetas: que su Mesías tenía que padecer.

Pedro culpa a los judíos, pero inmediatamente les ofrece dos ejemplos de la misericordia de Dios y cómo Él puede redimir nuestros errores:

1. Actuaron por ignorancia. La ignorancia no es una excusa por nuestro pecado, ni nos libera de sus consecuencias. Pero la ley hace una distinción entre los pecados de presunción y los de ignorancia (Números 15:27-31). La ignorancia afecta nuestra responsabilidad ante Dios y cómo Él nos responde. Está en otro contexto, pero lo que Jesús dijo en Lucas 12:47-48 se aplica aquí también: »El siervo que conoce la voluntad de su señor, y no se prepara para cumplirla, recibirá muchos golpes. En cambio, el que no la conoce y hace algo que merece castigo, recibirá pocos golpes. A todo el que se le ha dado mucho, se le exigirá mucho; y al que se le ha confiado mucho, se le pedirá aún más.

2. Como lo hace tantas veces en nuestras vidas, Dios redime nuestros errores y los usa para cumplir sus propósitos. La muerte del Mesías fue el cumplimiento de la profecía. Para efectuar la salvación, tuvo que morir.

Pedro nos da una perspectiva amplia del plan de Dios a través de los siglos y las muchas profecías que se cumplieron en la vida de Jesús.

19 Por tanto, para que sean borrados sus pecados, arrepiéntanse y vuélvanse a Dios, a fin de que vengan tiempos de descanso de parte del Señor, 20 enviándoles el Mesías que ya había sido preparado para ustedes, el cual es Jesús. 21 Es necesario que él permanezca en el cielo hasta que llegue el tiempo de la restauración de todas las cosas, como Dios lo ha anunciado desde hace siglos por medio de sus santos profetas.

Estas pocas palabras son muy ricas:

1. Aunque actuaron en ignorancia, el rechazo de Cristo sigue siendo un gran pecado que debe ser borrado. ¡Gloria a Dios porque nuestros pecados pueden ser borrados! Para recibir ese perdón, debes arrepentirte y volverte a Dios. Allí están, en el templo a la hora de la oración, pero Pedro dice que están alejados de Dios. Solo en Cristo podemos acercarnos a Dios y encontrar el perdón. Puede que tú estés en la iglesia, orando, y hayas cometido errores en ignorancia. ¿Tienes la confianza de que tus pecados son borrados? ¿O estás alejado de Dios y debes arrepentirte y volverte a Él?

2. Con esa relación restaurada, Dios puede bendecirnos con tiempos de descanso (refrigerio y alivio). ¿Lo necesitas en tu vida ahora? ¿Hay algún pecado que lo impida?

3. Jesús acaba de salir del mundo, pero el enfoque está en su regreso. Por ahora, Él tiene que permanecer en el cielo, pero en su tiempo, Dios lo enviará de vuelta al mundo.

4. Primero habrá una restauración de todas las cosas.

5. Todo este plan para la historia fue anunciado por los profetas. El mensaje que Pedro proclama a estos judíos no es nuevo, sino el cumplimiento de las profecías acerca del Mesías.

Jesús el cumplimiento de profecía

²² *Moisés dijo: "El Señor su Dios hará surgir para ustedes, de entre sus propios hermanos, a un profeta como yo; presten atención a todo lo que les diga.* ²³ *Porque quien no le haga caso será eliminado del pueblo".*

Pedro apela a Moisés y señala a Jesús como el cumplimiento de la profecía que Moisés le dio acerca de otro profeta como él que vendría. Está en la misma ley del Antiguo Testamento: quien no le haga caso a este profeta será eliminado de su pueblo. Sin Jesús, es imposible ser parte del pueblo de Dios y entrar en su reino.

²⁴ *»En efecto, a partir de Samuel todos los profetas han anunciado estos días.* ²⁵ *Ustedes, pues, son herederos de los profetas y del pacto que Dios estableció con nuestros antepasados al decirle a Abraham: "Todos los pueblos del mundo serán bendecidos por medio de tu descendencia".* ²⁶ *Cuando Dios resucitó a su siervo, lo envió primero a ustedes para darles la bendición de que cada uno se convierta de sus maldades».*

Pedro aún no ha recibido la revelación de la inclusión de los gentiles, pero él cita lo que Dios le dijo a Abraham: la bendición es para todos los pueblos del mundo. Los judíos son los primeros en recibir esta bendición, según las profecías del Antiguo Testamento. Jesús es el cumplimiento de esas profecías; en este breve sermón Pedro lo presenta como:

- El siervo sufriente (13, 18).
- El profeta como Moisés (22-23).

- El rey del linaje de David (24).
- La semilla de Abraham (25-26).
- El mesías que vendrá otra vez (20-21).
- Dios: El Santo y Justo, Autor de la vida (14-15).

Ellos ahora tienen la oportunidad de convertirse y aprovechar todas las bendiciones del Nuevo Pacto.

Qué hacer después del bautismo en el Espíritu

¿Qué hizo la iglesia después del derramamiento del Espíritu Santo? ¿Qué hicieron los apóstoles? Parece que aprendieron de sus errores (Hechos, capítulo 1). No se sentaron para planear más eventos. Continuaron caminando como Jesús camina, en el compañerismo, la enseñanza de la Palabra y con señales y prodigios. Este capítulo es un buen ejemplo del mismo patrón que observamos en Jesucristo: un hecho (un milagro o una sanidad que llama la atención del pueblo), y la Palabra (la explicación de lo que sucedió, o la enseñanza de cómo vivir en la voluntad de Dios y experimentar lo mismo). En todo lo que hace la iglesia, el énfasis está en la persona de Jesucristo y en una relación con Él. No hay ningún intento de establecer una religión, una institución u organización.

Un ritmo en Hechos

Ya vemos un ritmo en este libro de Hechos:

1. Los creyentes permanecen unidos, en oración, celebrando la Santa Cena y alimentados por la enseñanza de la Palabra.
2. Dios obra soberana y sobrenaturalmente para bendecir a su pueblo, mostrar su poder y llamar la atención de los incrédulos.

3. Se da un mensaje cristocéntrico para llamar a la gente al arrepentimiento y la salvación.

Hasta ahora todo parece casi un paraíso. Hay pura bendición y crecimiento. Pero no podemos olvidarnos de que aún estamos en el mundo y tenemos a un enemigo que vino a hurtar, matar y destruir.

5

Encarcelados: La primera prueba de la iglesia

Hechos 4:1-31

Hasta ahora, los apóstoles y la joven iglesia están disfrutando de una experiencia maravillosa. Después del desastre de la crucifixión de Cristo y el suicidio de Judas, pasaron tiempo con su Señor resucitado, lo vieron ascender al cielo, recibieron el bautismo prometido en el Espíritu Santo y vieron a multitudes salvadas, sanadas y caminando en victoria. Este suele ser el caso durante los primeros meses como cristiano. Dios protege al bebé creyente del diablo y le permite un tiempo para establecerse.

Es genial saborear las riquezas del cielo, pero aún estamos en un mundo bajo el dominio del maligno. Estoy seguro de que tú eres consciente de ese enemigo que quiere destruirte y derribar la iglesia. Seguramente él está enojado: creía que había derrotado a Jesús en la cruz, pero luego Cristo resucitó, y ahora hay multitudes llenas del Espíritu Santo. De tal palo, tal astilla; los apóstoles ya van a experimentar la misma oposición que experimentó su Maestro. Este es el primero de tres ataques fuertes contra la iglesia.

¿Y tú? ¿Estás en medio de una prueba? ¿Te sorprende que de repente, mientras intentas andar como Cristo anduvo, los recuerdos del pasado, las tentaciones y el desánimo ataquen tu mente? Son parte de nuestra peregrinación, pero vamos a ver cómo seguir andando en victoria.

El cojo saltaba y alababa a Dios, y la multitud congregada para escuchar a Pedro llamó la atención de los líderes del templo.

¹Mientras Pedro y Juan le hablaban a la gente, se les presentaron los sacerdotes, el capitán de la guardia del templo y los saduceos. ² Estaban muy disgustados porque los apóstoles enseñaban a la gente y proclamaban la resurrección, que se había hecho evidente en el caso de Jesús. ³ Prendieron a Pedro y a Juan y, como ya anochecía, los metieron en la cárcel hasta el día siguiente.

Juan y Pedro metidos en la cárcel

No dejaron que Pedro terminara su mensaje; se les "*echaron encima*" (LBLA). Son los sacerdotes, los saduceos y el jefe de los guardias del templo (notable en su ausencia son los fariseos). Estaban "*indignados*" (LBLA), "*sumamente molestos*" (NTV), enojados y *muy disgustados* con este espectáculo, sobre todo porque estaba centrado en el Mesías que ellos crucificaron. Creían que con la muerte de Jesús estarían libres de este problema, pero ahora va de mal en peor. ¡Y estos hombres no fueron estudiados ni aprobados por ellos!

Su solución es prenderlos y meterlos en la cárcel. Un milagro sería genial para liberarlos; Dios lo hizo varias veces más tarde. Pero no esta vez. Tuvieron que pasar la noche encarcelados y aparecer frente al concilio al día siguiente. No dice nada sobre cómo pasaron la noche; posiblemente pensaron que serían crucificados, como crucificaron a su Maestro.

La importancia del "pero"

⁴ Pero muchos de los que oyeron el mensaje creyeron, y el número de estos, contando solo a los hombres, llegaba a unos cinco mil.

Como vemos muchas veces en la Biblia y en nuestro caminar con Jesús, en las circunstancias más difíciles Dios tiene un "pero". ¿Cuál es la lucha en tu vida ahora? ¿Cómo te ha atacado el enemigo (incluso a través de gente religiosa)? ¿Cuál es tu "pero"?

El "pero" aquí es el fruto abundante del ministerio, a pesar de la oposición. Terminamos el segundo capítulo con más de tres mil creyentes; ya la iglesia ha alcanzado unos cinco mil. ¡Y ellos son solo los hombres! ¡Estamos hablando de más de diez mil creyentes! No lo dice, pero estoy seguro de que muchos de ellos estaban orando al Señor para que Pedro y Juan fueran liberados.

Gracias a Dios, la iglesia está prosperando. Solo los líderes (en este caso, Pedro y Juan) están sufriendo. Y a menudo es así: mientras la iglesia disfruta de las bendiciones de Dios, el pastor paga el precio como blanco de los ataques de Satanás.

Los apóstoles interrogados

⁵ Al día siguiente se reunieron en Jerusalén los gobernantes, los ancianos y los maestros de la ley. ⁶ Allí estaban el sumo sacerdote Anás, Caifás, Juan, Alejandro y los otros miembros de la familia del sumo sacerdote. ⁷ Hicieron que Pedro y Juan comparecieran ante ellos y comenzaron a interrogarlos:

—¿Con qué poder, o en nombre de quién, hicieron ustedes esto?

Estar frente a todos estos hombres importantes puede ser intimidante. Primero, quieren saber la fuente de su poder; piden el nombre de quién les dio ese poder, porque quieren señalar a Jesús. Hay sanidad en el nombre de Jesús. Hay salvación en su nombre. Es el nombre sobre todo nombre. El mundo y el maligno odian el nombre de Jesús. Cuando yo trabajaba como capellán en las prisiones federales, me pidieron que orara por una graduación, pero me dijeron que tendría que ser una oración genérica, sin usar el nombre de Jesús, porque habría gente de varias religiones representada. Yo respondí que solo podía orar en su nombre, ¡y me permitieron orar en ese dulce y poderoso nombre!

Jesús les prometió que, cuando comparecieran ante las autoridades, el Espíritu les daría las palabras para defenderse (Lucas 12:12), y eso es exactamente lo que sucedió aquí. Pedro ya fue bautizado en el Espíritu, pero vemos varias veces que, en el momento de necesidad, hay una llenura especial del Espíritu. Confía en el Señor, que Él te dé las palabras y te llene de su Espíritu.

⁸ Pedro, lleno del Espíritu Santo, les respondió:

—Gobernantes del pueblo y ancianos: ⁹ Hoy se nos procesa por haber favorecido a un inválido, ¡y se nos pregunta cómo fue sanado! ¹⁰ Sepan, pues, todos ustedes y todo el pueblo de Israel que este hombre está aquí delante de ustedes, sano gracias al nombre de Jesucristo de Nazaret, crucificado por ustedes, pero resucitado por Dios. ¹¹ Jesucristo es

> *»"la piedra que desecharon ustedes los constructores,*
> *y que ha llegado a ser la piedra angular".*

¹² De hecho, en ningún otro hay salvación, porque no hay bajo el cielo otro nombre dado a los hombres mediante el cual podamos ser salvos».

¡Pedro exalta el nombre de Jesús! No es por Mahoma, Buda o cualquier otra persona. Es solo Jesús. No es "tolerante" decir que hay muchos caminos a Dios. El único camino hacia la salvación es Jesús; todos los demás caminos conducen al infierno. Nunca seas tímido para proclamar el nombre de Jesús. Dios es tu retaguardia. Una vez más, Pedro los señala como los asesinos que crucificaron al Hijo de Dios. Estos líderes eran los constructores de la casa de Dios en Judea, pero ellos desestimaron (despreciaron y rechazaron) a Jesucristo, la piedra angular de la casa. Dios Padre lo resucitó y lo estableció como la piedra angular. ¿Es Jesús la piedra angular de tu vida y de tu iglesia?

El caso es ridículo: Los están interrogando *por causa del beneficio hecho a un hombre enfermo* (LBLA). ¡El hombre estaba delante de ellos! ¡No hay argumento! Si te persiguen, deja que sea por algo bueno, como esta sanidad, y no por alguna locura que cometemos. No hay mucho que Pedro tenga que decir; es un caso cerrado, un caso simple, de un milagro hecho por Jesús.

Por qué se asombraron los gobernantes

¹³ Los gobernantes, al ver la osadía con que hablaban Pedro y Juan, y al darse cuenta de que eran gente sin estudios ni preparación, quedaron asombrados y reconocieron que habían estado con Jesús. ¹⁴ Además, como vieron que los acompañaba el hombre que había sido sanado, no tenían nada que alegar.

¡Jesús se deleita en confundir a la gente! Hay cuatro cosas que impresionan a los gobernantes y los dejan asombrados:

1. La osadía con la que hablaron. Hablaron sin temor, con confianza y valentía. Ese valor es una gran arma que Dios nos da contra las asechanzas del enemigo. Dios quiere quitar el temor de tu corazón para que puedas hablar de Jesús con mucha confianza.

2. Era gente sin estudios ni preparación, *hombres sencillos* (TLA), *comunes* (NTV) y *sin cultura* (DHH). ¿Crees que necesitas un diploma y mucha preparación para ser usado por Dios? ¡De ninguna manera! Hay gente muy académica y con mucha cultura que habla orgullosamente en la carne y no puede influir a nadie. Dios se deleita en usar a la gente más humilde y despreciada del mundo para hacer cosas grandes. ¿Significa que no debemos estudiar o prepararnos? ¡Claro que no! Lo ideal es la combinación de humildad, el estudio de la Palabra, una buena preparación y la unción del Espíritu.

3. Reconocieron que habían estado con Jesús. Posiblemente recordaron que caminaban con Jesús, pero yo creo que vieron un reflejo del Maestro en ellos. Habían pasado tanto tiempo en presencia de Jesús que ya eran como Cristo. ¡Qué meta para nosotros! Pasar tanto tiempo con el Señor que otros puedan ver a Jesús en nosotros y reconocer que hemos estado con Cristo.

4. Tenían la evidencia en la carne frente a ellos: el hombre, que todos habían visto cojo durante mucho tiempo pidiendo limosnas, acompañaba a Pedro y Juan, completamente sano. Que nuestro testimonio no sea solo palabras, sino también la evidencia de vidas transformadas por el poder de Dios.

La sentencia del Consejo

[15] Así que les mandaron que se retiraran del Consejo, y se pusieron a deliberar entre sí: [16] «¿Qué vamos a hacer con estos sujetos? Es un hecho que por medio de ellos ha ocurrido un milagro evidente; todos los que viven en Jerusalén lo saben, y no podemos negarlo. [17] Pero, para evitar que este asunto siga divulgándose entre la gente, vamos a amenazarlos para que no vuelvan a hablar de ese nombre a nadie». [18] Los llamaron y les ordenaron terminantemente que dejaran de hablar y enseñar acerca del nombre de Jesús.

¡Que sea así para nosotros! Buscarían alguna manera de condenarnos, pero solo cuentan con la realidad de los milagros hechos en el nombre de Jesús que no pueden refutar. Aquí también entra en juego la opinión pública. Hoy es fácil divulgar algo por Facebook o Twitter. Esas redes tienen una gran influencia en las decisiones de las empresas y del gobierno.

Su solución: Amenazar y ordenarles que dejen de hablar y enseñar acerca del nombre de Jesús. ¿Cómo responderías tú a esa orden? ¿Sería suficiente para callarte? El diablo siempre quiere silenciarnos, pero Cristo nos envió a predicar y enseñar su Palabra.

[19] Pero Pedro y Juan replicaron: —¿Es justo delante de Dios obedecerlos a ustedes en vez de obedecerlo a él? ¡Júzguenlo ustedes mismos! [20] Nosotros no podemos dejar de hablar de lo que hemos visto y oído.

Muchos dirían: "Está bien, no hablaremos del nombre de Jesús", y posiblemente no mencionarían su nombre en su prédica, o saldrían y continuarían predicando como siempre. Pero Pedro y Juan no tienen temor; hablan con mucho denuedo y desafían a todos estos líderes.

¿Pero no nos ordena la Biblia que obedezcamos a las autoridades? ¿Hay momentos en que está bien violar la ley? Cuando tenemos que elegir entre obedecer a Dios u obedecer al hombre, debemos obedecer a Dios. Así murieron muchos mártires.

Para algo tan transformador y poderoso como lo que Pedro y Juan vieron y oyeron, no puedes callarte. ¡No podemos dejar de hablar al respecto!

²¹ Después de nuevas amenazas, los dejaron irse. Por causa de la gente, no hallaban manera de castigarlos: todos alababan a Dios por lo que había sucedido, ²² pues el hombre que había sido milagrosamente sanado tenía más de cuarenta años.

Ahora nos enteramos de que el hombre tenía más de cuarenta años. Todos lo habían visto, y ahora no pueden dejar de hablar sobre el poder del nombre de Jesús. Así como por un tiempo no tocaron a Juan Bautista porque era tan popular, no se atrevieron a castigar a los apóstoles, porque todos estaban alabando a Dios por el gran milagro.

¿Crees que Dios puede, y quiere, hacer algo tan impresionante en tu ciudad?

La primera oración registrada de la joven iglesia

²³ Al quedar libres, Pedro y Juan volvieron a los suyos y les relataron todo lo que les habían dicho los jefes de los sacerdotes y los ancianos. ²⁴ Cuando lo oyeron, alzaron unánimes la voz en oración a Dios:

Tenemos que testificar y luego tenemos que orar. Ya estaban acostumbrados a orar, a alzar la voz y a orar unánimes a Dios. Hay mucho poder en la oración unánime.

«Soberano Señor, creador del cielo y de la tierra, del mar y de todo lo que hay en ellos, ²⁵ tú, por medio del Espíritu Santo, dijiste en labios de nuestro padre David, tu siervo:

»"¿Por qué se sublevan las naciones
y en vano conspiran los pueblos?
²⁶ Los reyes de la tierra se rebelan
y los gobernantes se confabulan
contra el Señor
y contra su ungido".

Primero, reconocen quién es su Dios: Él es soberano, Él es Señor, Él es el Creador de todo, incluidos estos gobernantes que han amenazado a los apóstoles.

Luego recurren a las Escrituras y a un Salmo conocido. Usan la Palabra de Dios para interpretar su situación y dar dirección a su petición. No es sorprendente que exista esta oposición. Fue profetizada.

²⁷ En efecto, en esta ciudad se reunieron Herodes y Poncio Pilato, con los gentiles y con el pueblo de Israel, contra tu santo siervo Jesús, a quien ungiste ²⁸ para hacer lo que de antemano tu poder y tu voluntad habían determinado que sucediera.

²⁹ Ahora, Señor, toma en cuenta sus amenazas y concede a tus siervos el proclamar tu palabra sin temor alguno. ³⁰ Por eso, extiende tu mano para sanar y hacer señales y prodigios mediante el nombre de tu santo siervo Jesús».

Después de alabar a Dios y reflexionar sobre su situación a la luz de la Biblia, terminan su oración con una petición. No tiene nada que ver con su comodidad o bendiciones personales. Entregan a Dios a estos gobernantes que amenazaron a los apóstoles y piden un nuevo denuedo para proclamar la Palabra. Es la misma combinación que vemos tantas veces en el ministerio de Jesús y en este libro de Hechos: La Palabra y la confirmación en sanidades, señales y prodigios.

Esta oración no es larga, pero es poderosa. ¿Cómo se compara con las oraciones en tu iglesia o en tu tiempo devocional? ¿Cuánto tiempo dedicas a interceder por la obra del evangelio?

31 Después de haber orado, tembló el lugar en que estaban reunidos; todos fueron llenos del Espíritu Santo, y proclamaban la palabra de Dios sin temor alguno.

Habían pasado la primera prueba. Era algo que podía difundir el temor en sus corazones y enviarlos de vuelta a la seguridad del aposento alto. Podrían pensar: "Es mejor adorar a Dios, escuchar la Palabra aquí en la seguridad de esta sala y orar por la salvación de Jerusalén."

De la experiencia en Hechos se puede pensar que solo los apóstoles estaban evangelizando; por ejemplo, de este versículo:

33 Los apóstoles, a su vez, con gran poder seguían dando testimonio de la resurrección del Señor Jesús.

La orden de no predicar sobre Jesucristo no tenía ningún impacto en los apóstoles. Siguen evangelizando como siempre, con el poder sobrenatural del Espíritu Santo. Pero no eran solo los apóstoles; el verso 31 dice que todos proclamaban la palabra de Dios. ¿Cómo se compara esto con las reuniones de oración en tu iglesia?

- ¿Asiste la mayoría de la iglesia a esas reuniones?
- ¿Tiembla el lugar en presencia del Dios todopoderoso?
- ¿Salen todos llenos del Espíritu Santo?
- ¿Proclaman la palabra de Dios sin temor?

Cuando todo está tranquilo, la iglesia puede volverse complaciente. Hay algo en la persecución y la prueba que motiva a los creyentes a orar y libera el poder de Dios. Por un momento, las cosas parecían muy difíciles. Fácilmente, los gobernantes podrían matar a Pedro y Juan. Pero Dios tiene el control total y la iglesia termina fortalecida y triunfante. Así es cómo Dios quiere glorificarse a sí mismo en tu prueba también.

6

La economía de la iglesia primitiva

Hechos 4:32-5:11

El patrón que ya hemos observado en Hechos es evidente en esta porción:

1. Una introducción que describe la iglesia.
2. Algún evento que la impacta.
3. El resultado del mover del Espíritu Santo.

Introducción: La unidad caracteriza la iglesia

4:32 *Todos los creyentes eran de un solo sentir y pensar* (RVR: *un corazón y un alma*).

Esta unidad es muy importante. Cuando esperaban el bautismo del Espíritu, estaban *unidos* en oración en el Aposento Alto. Pedro y Juan subieron *juntos* al templo y fueron encarcelados *juntos*. En el verso 24 de este capítulo, todos oraron *unánimes*. Ahora, a pesar del fuerte crecimiento, mantenían esa unidad. Eso es muy impresionante, dada la diversidad de la iglesia:

- Creyentes de varias naciones y provincias de Israel.
- Fariseos, saduceos y levitas.

- Gente despreciada, como prostitutas y publicanos (recaudadores de impuestos).

¡En cuestión de semanas, miles de personas fueron añadidas a la iglesia!

¡Qué difícil es para nosotros mantener la unidad, incluso en una iglesia pequeña! Una revisión de Facebook revela las muchas divisiones en la iglesia universal; creo que sería difícil encontrar una iglesia grande con todos de *"un solo sentir y pensar"*. ¿Qué programa tendrían que duplicar para tener *"un corazón y un alma"* entre los hermanos en nuestras iglesias?

La respuesta no es un programa; la respuesta es la plenitud del Espíritu Santo y la dedicación a la oración. La respuesta es el dinamismo de muchos milagros y nuevas personas añadidas a la iglesia todos los días.

Jesús oró por nuestra unidad la noche de su arresto (Juan 17:21-23). Cuando Cristo realmente sea la Cabeza y el Espíritu se mueva, tendremos esa unidad. Es hermoso ser de un solo sentir y pensar, con tu cónyuge y con todos los hermanos de tu iglesia. ¡Es posible! Tenemos que orar y buscar esa unidad. Cristo no quiere que su cuerpo esté dividido o contencioso.

El impacto de esa unidad

Nadie consideraba suya ninguna de sus posesiones (TLA: *nadie se sentía dueño de nada), sino que las compartían* (RVR: *tenían todas las cosas en común*).

Disfrutar tanto amor y unidad naturalmente resulta en compartir todo. Están tan ocupados en oración, adoración, enseñanza de la Palabra, servicio y evangelismo que esas posesiones simplemente no importan. Mira las palabras que Lucas usa aquí: *"nadie"* y *"ninguna"*. No son solo los ricos o algunos hermanos muy generosos; el Espíritu ha tocado cada corazón. No es solo ropa vieja o ese televisor extra; son todas sus posesiones. Pero no predicaron la eliminación de la propiedad privada. No es pecado tener posesiones. Dice que no *"consideraban"* las posesiones como propias. Le entregaron todo a Cristo; todo estaba a su disposición.

Igual que todo lo que hemos visto hasta ahora en Hechos, esto no es un programa. No tenían que entregar una lista de sus posesiones para "depositar" en un "banco" de la iglesia. Nadie fue juzgado por mantener algo en su poder. No era un requisito para ser parte de la iglesia. Todo fue guiado por el Espíritu. Cuando obligamos a la iglesia a compartir todo lo que tienen, estamos bajo la ley nuevamente, y no hay ninguna ley bíblica que nos exija compartirlo todo. Es algo que viene de un corazón agradecido a Dios.

La eliminación de necesidad económica

[33]La gracia de Dios se derramaba abundantemente sobre todos ellos, [34]pues no había ningún necesitado en la comunidad. Quienes poseían casas o terrenos los vendían, llevaban el dinero de las ventas [35]y lo entregaban a los apóstoles para que se distribuyera a cada uno según su necesidad.

La gracia de Dios se manifestó en la eliminación de la necesidad financiera en la iglesia. Nadie se enriqueció; de hecho, quienes poseían casas o terrenos los vendieron para poner el dinero a disposición de la iglesia. Dios bendice a su iglesia a través de los propios hermanos. No estaban predicando prosperidad; era una distribución para dejar a todos en igualdad. Dios no quiere que nadie tenga necesidad en su iglesia. El ejemplo de Pablo en las colectas que recibió para las iglesias necesitadas confirma que esto no es solo dentro de una iglesia, sino que las iglesias ricas en países prósperos deberían compartir con sus hermanos en países pobres que casi no tienen nada. Que exista tal necesidad en algunas partes del mundo revela el pecado de los creyentes ricos.

Esto puede sonar como socialismo o comunismo, pero hay algunas diferencias importantes:

- Fue voluntario. La Biblia nunca dice que sea pecado tener su propia casa o terreno.
- No involucró todas las propiedades. La iglesia nunca debe obligar a nadie a vender su casa.
- Nunca menciona que vender propiedades o diezmar fuera un requisito para ser bautizado y formar parte de la iglesia.

Con tanto dinero llevado a la iglesia, habría una gran tentación de abusar de él. Si seguimos este ejemplo de la iglesia primitiva, necesitamos procedimientos y procesos muy claros y transparentes para garantizar que todo el dinero se maneje de manera responsable y digna del Señor.

Dos ejemplos de ventas de propiedades

Aunque la división del capítulo (que se agregó siglos después, en el siglo XIII) separa estos dos ejemplos, está claro que Lucas los presenta como comparación y contraste de cómo funcionó esta venta de propiedades.

Primero, un buen ejemplo:

36 José, un levita natural de Chipre, a quien los apóstoles llamaban Bernabé (que significa: Consolador), 37 vendió un terreno que poseía, llevó el dinero y lo puso a disposición de los apóstoles.

Aquí se presenta a un hermano que tendrá una parte muy importante en el ministerio de Pablo. Él era de la tribu sacerdotal y nativo de Chipre, una isla en el mar Mediterráneo, y un destino para dos de los viajes misioneros de Pablo (el primero fue con Bernabé). El hecho de que se haya señalado la venta de su propiedad es evidencia de que no todos vendieron sus terrenos.

Judas Iscariote era el tesorero de los apóstoles y era ladrón, pero ahora, bajo la guía del Espíritu Santo, los apóstoles manejan grandes cantidades de dinero, que fue literalmente puesto a sus pies.

Segundo ejemplo

A pesar de la poderosa presencia del Espíritu, el pecado todavía existía en la iglesia. Dios lo juzga severamente como una advertencia a toda la iglesia: no juegues con Dios (o con su iglesia).

5:1-2 Un hombre llamado Ananías también vendió una propiedad y, en complicidad con su esposa Safira, se quedó con parte del dinero y puso el resto a disposición de los apóstoles.

No parece haber ningún problema. No es pecado quedarse con parte del dinero. Es bueno que haya llevado la otra parte a los pies de los apóstoles. Nadie se vio obligado a darles todo el dinero de una venta. El problema aquí era otro. A veces, el pecado no es el acto en sí, sino el corazón y el motivo de la persona.

Un esposo puede engañar a su esposa, mentir acerca de una ofrenda hecha a la iglesia y quedarse con un dinero para algún motivo indebido, pero Ananías lo hace en complicidad con su esposa.

3 —Ananías —le reclamó Pedro—, ¿cómo es posible que Satanás haya llenado tu corazón para que le mintieras al Espíritu Santo y te quedaras con parte del dinero que recibiste por el terreno? [4] *¿Acaso no era tuyo antes de venderlo? Y una vez vendido, ¿no estaba el dinero en tu poder? ¿Cómo se te ocurrió hacer esto? ¡No has mentido a los hombres, sino a Dios!*

Pedro confirma que la propiedad privada no es ilícita. Incluso el monto donado a la iglesia es nuestra decisión (ojalá guiada por el Espíritu). El problema aquí es el engaño y la mentira. Quieren impresionar a la iglesia con su generosidad y esconder algo de los apóstoles. Es la misma hipocresía que Jesús condenó fuertemente.

Pedro reconoce que la fuente de este pecado es el padre de la mentira, el engañador. Aunque no podemos atribuir todo pecado al diablo, el Espíritu le revela a Pedro que Satanás inspiró esto. Es la primera mención de Satanás trabajando en una iglesia que, hasta ahora, parecía casi perfecta. Está claro que el diablo puede trabajar así en un creyente e incluso llenar su corazón. El dinero puede ser un área vulnerable para muchos cristianos.

La mayoría de los cristianos no consideran que mentir sea un pecado muy grave. Mentirle a un pastor sobre algún ministerio realizado en la iglesia o quizás una cantidad de dinero ofrendado es bastante común. Pero Apocalipsis 21:8 incluye a los mentirosos entre aquellos que están destinados al lago de fuego (junto con los incrédulos, los abominables, los asesinos, los que cometen inmoralidades sexuales, los que practican artes mágicas y los que rinden culto a ídolos). Mentir a un líder de la iglesia equivale a mentirle al Espíritu Santo que mora en esa persona; le estás mintiendo a Dios (y al decir esto, Pedro afirma que el Espíritu es divino, es Dios). Nuevamente, vemos en Pedro un valor que proviene de Dios, inspirado por la revelación de la verdad y el conocimiento de lo que está sucediendo en la vida de una persona. ¿Tienes ese valor para enfrentar mentiras y pecados en tu iglesia?

¿Qué hay de mentir en tu vida? ¿Has mentido a un pastor? ¿Has tratado de engañar a la iglesia para parecer más santo e impresionar a sus líderes? ¿Eres más como Bernabé o Ananías?

[5] Al oír estas palabras, Ananías cayó muerto. Y un gran temor se apoderó de todos los que se enteraron de lo sucedido. [6] Entonces se acercaron los más jóvenes, envolvieron el cuerpo, se lo llevaron y le dieron sepultura.

Tal como al principio de la nación de Israel en Éxodo, cuando Dios juzgó fuertemente el pecado, aquí, al comienzo de la iglesia, Él quiere impresionarla con la gravedad y las consecuencias del pecado. Con razón, un gran temor se apoderó de todos los que escucharon este suceso. ¿Dónde está ese temor en la iglesia hoy? ¿Cuántos morirían si Dios juzgara las mentiras y otros pecados de esa manera? Sí, la paga del pecado es siempre la muerte; eternamente, y a veces también ahora.

Esta historia es similar a la tragedia de Acán (Josué 7) en la conquista de la Tierra Prometida. Él y su familia perecieron debido a su avaricia y desobediencia.

[7] Unas tres horas más tarde entró la esposa, sin saber lo que había ocurrido. [8] —Dime —le preguntó Pedro—, ¿vendieron ustedes el terreno por tal precio?

Dios a menudo nos da la oportunidad de confesar, arrepentirnos y salvar nuestras vidas. Safira tuvo la oportunidad de decir la verdad; en lugar de confrontarla con la mentira de su esposo, Pedro le da una salida de la tentación, pero ella no la toma:

—Sí —dijo ella—, por tal precio. ⁹ —¿Por qué se pusieron de acuerdo para poner a prueba al Espíritu del Señor? —le recriminó Pedro—. ¡Mira! Los que sepultaron a tu esposo acaban de regresar y ahora te llevarán a ti. ¹⁰ En ese mismo instante ella cayó muerta a los pies de Pedro. Entonces entraron los jóvenes y, al verla muerta, se la llevaron y le dieron sepultura al lado de su esposo.

Antes, Pedro dijo que Ananías le mintió al Espíritu; ahora dice que pusieron a prueba el Espíritu. ¡No juegues con Dios! ¿Hay cosas que tú has hecho para poner a prueba el Espíritu? Podría ser que Dios esté dándote la oportunidad, como Pedro le dio a Safira, de confesar tu pecado y arrepentirte.

Algunos han dicho que la sorpresa de las noticias sobre su esposo la mató, pero creo que fue Dios quien lo hizo.

Resultado
¹¹ Y un gran temor se apoderó de toda la iglesia y de todos los que se enteraron de estos sucesos.

Sí, había milagros, gozo, amor y vidas transformadas en la iglesia primitiva. ¡Gloria a Dios! Pero ahora existe un fuerte recuerdo de que Dios es santo. Es el mismo Dios del Antiguo Testamento, que no puede soportar el pecado; quiere el cuerpo de su Hijo puro y sin mancha. Él es paciente y misericordioso, pero también hay un juicio venidero. Puede ser ahora o más tarde, pero todo pecado que no sea confesado y abandonado será juzgado. Gran temor se apoderó de toda la iglesia y también de la gente de la comunidad, fuera de la iglesia.

¿Es posible vivir la economía de la iglesia primitiva hoy?

Igual que el esfuerzo de muchos para minimizar las enseñanzas de Jesús y la Biblia en general, muchos eruditos y pastores están listos para decir que esta economía era única para esa época; nosotros no podemos experimentarla hoy. Es cierto que no se presenta como modelo para toda la iglesia en todas las épocas, aunque Jesús enseñó cosas parecidas y radicales acerca del dinero y las cosas materiales (lee los capítulos 16–18 en el segundo libro de esta serie, El ADN del Reino).

A lo largo de los siglos, ha habido muchos intentos de seguir este modelo en monasterios y comunidades cristianas. La mayoría de ellos han fracasado, a menudo con abusos e incluso delitos. Grandes cantidades de dinero nos presentan muchas tentaciones, e incluso el pecado de Ananías y Safira. Como la Biblia enseña varias veces, es más difícil para los ricos seguir fielmente a Cristo. El hombre pobre que no tiene nada que vender estaría exento del pecado de esta pareja.

Hay unos principios importantes aquí para tu reflexión:

1. Esta economía fue el resultado directo de la manifestación y plenitud del Espíritu Santo en la iglesia. No podemos organizarla ni gestionarla; tiene que ser obra del Espíritu o fracasará.

2. Necesitamos transparencia y normas claras en el manejo de las ofrendas. Tenemos que hacer todo lo posible para evitar abusos con el dinero de la iglesia.

3. Dios quiere igualdad entre sus hijos. El patrón bíblico es que aquellos con más recursos los compartan con aquellos que tienen menos: *entre ustedes no deberá haber pobres, porque el Señor tu Dios te colmará de*

bendiciones en la tierra que él mismo te da para que la poseas como herencia (Deuteronomio 15:4).

4. Tenemos que evaluar la tendencia actual de predicar la prosperidad y aprobar el materialismo y la avaricia de nuestro mundo.

5. El Espíritu puede guiarte a vender una propiedad u otra cosa para ofrendar a la iglesia.

6. Siempre debemos evitar la hipocresía y el deseo carnal de impresionar a otros con nuestra espiritualidad.

7. Es demasiado fácil y común pasar por alto los pecados en la iglesia (como los de Ananías y Safira). Algunas veces, Dios soberanamente disciplina a alguien, pero necesitamos líderes con el discernimiento del Espíritu (como Pedro) y procedimientos para la disciplina en la iglesia. Demasiados pastores aceptarían cualquier ofrenda sin cuestionar los detalles, como si el dinero fuera robado o sucio.

8. Dos veces ya en Hechos hemos visto este intercambio de recursos:

    a. 2:44-45: *Todos los creyentes estaban juntos y tenían todo en común: vendían sus propiedades y posesiones, y compartían sus bienes entre sí según la necesidad de cada uno.*

    b. 4:34-35: *No había ningún necesitado en la comunidad. Quienes poseían casas o terrenos los vendían, llevaban el dinero de las ventas y lo entregaban a los apóstoles para que se distribuyera a cada uno según su necesidad.*

    c. La repetición señala su prevalencia e importancia.

Es notable cómo la iglesia primitiva seguía las huellas de su Maestro. ¿Y tú? No necesariamente tienes que vender tu casa, pero ¿has puesto todas tus posesiones a los pies de Cristo? ¿Estás ofrendando fielmente a tu iglesia? ¿Has caído en la trampa del materialismo y la prosperidad del mundo? Si eres pastor, ¿cómo puedes ayudar a tu iglesia a eliminar la necesidad financiera?

7

Una liberación milagrosa de la cárcel

Hechos 5:12-42

Ya hemos visto un patrón en este libro: algún evento o milagro (el Espíritu derramado, el cojo sanado), una predicación (en ambos casos por Pedro), y luego otro retrato de la iglesia. En el capítulo 4 hubo la primera oposición del establecimiento religioso a los apóstoles, pero no detuvo el crecimiento de la iglesia. Acabamos de ver un pecado fuertemente juzgado por el Señor, pero la iglesia sigue adelante. Puedes ver lo mismo en tu vida. Estás caminando bien cuando sucede algo: una enfermedad, un accidente o una crisis económica. Al principio puede parecer un desastre, y puedes estar confundido y preguntar a Dios "¿por qué?". Pero Dios te ayuda y terminas en paz; puedes ver la mano del Señor en la prueba. Se puede ver el mismo patrón en muchas de las experiencias de la vida de Cristo. Así es la vida cuando andamos como Cristo anduvo.

Una vida sobrenatural

Aquí está el retrato de lo que les está sucediendo a los creyentes ahora:

12 Por medio de los apóstoles ocurrían muchas señales y prodigios entre el pueblo; y todos los creyentes se reunían de común acuerdo en el Pórtico de Salomón.

Hay un ambiente sobrenatural: fuego, avivamiento y mucha expectativa de manifestaciones del poder de Dios. Sigue el patrón evidente en el ministerio de Jesús: milagros y señales que preparan a la gente para la palabra. Esas predicaciones ya han ganado miles para el reino de Dios (aquí no se menciona la palabra, sino solo las muchas señales y prodigios).

Lo impresionante es la vida corporal de la iglesia y las reuniones diarias en el templo, en el Pórtico de Salomón; el mismo Pórtico donde Pedro predicó en el capítulo tres. *Todos* los creyentes estaban allí. Raramente hoy encontramos a *todos* los creyentes de una iglesia presentes para un culto, pero aquí el Señor se movía de tal manera que nadie quería perderse ninguna reunión. Y estaban de *común acuerdo, unánimes* (RVR y LBLA). Mantuvieron la unidad, a pesar de las multitudes de nuevos creyentes y la gran diversidad en la iglesia.

13 Nadie entre el pueblo se atrevía a juntarse con ellos, aunque los elogiaban. 14 Y seguía aumentando el número de los que confiaban en el Señor.

Eso es extraño. Las multitudes se unieron a la iglesia, pero dice que de entre el pueblo (se supone de los judíos que no habían aceptado a Jesús) nadie se atrevía a juntarse con ellos. Es decir que había una distinción muy clara entre creyentes y los inconversos. Tal vez la experiencia de Ananías y Safira, o el temor que se menciona varias veces, los hizo sentir miedo, pero de alguna manera muchos lo superaron para confiar en Jesús y unirse a la iglesia.

Qué bueno que los inconversos tenían a los creyentes en gran estima, elogiándolos. Mantenían un testimonio muy bueno en su vida cotidiana y contaron con el respeto de toda la comunidad. Sus vidas y su ejemplo atrajeron a los inconversos, lo que resultó en muchas conversiones. ¿No es ésta la iglesia que Jesús quiere? ¿No es eso lo que quieres tú en una iglesia? El compañerismo, la unidad, las manifestaciones sobrenaturales del poder de Dios y una buena reputación con la gente fuera de la iglesia. ¿Crees que es posible hoy?

[15] Era tal la multitud de hombres y mujeres que hasta sacaban a los enfermos a las plazas y los ponían en camillas para que, al pasar Pedro, por lo menos su sombra cayera sobre alguno de ellos.

Esto está afectando a toda la ciudad. Pedro se ha convertido en una súper estrella, con tanta unción y poder espiritual, y una reputación tan alta, que parece que su misma sombra cayendo sobre alguien podría sanarlo.

[16] También de los pueblos vecinos a Jerusalén acudían multitudes que llevaban personas enfermas y atormentadas por espíritus malignos, y todas eran sanadas.

Aquí hay dos palabras que ya se ven muchas veces en Hechos: *"multitudes"* y *"todos"*. ¡No es de extrañar que hubiera multitudes! Hay mucha fe y muchas expectativas. Cada persona enferma o atormentada salió sana. Trajeron enfermos de todos los pueblos vecinos. Es parecido a lo que hemos escuchado de algunos avivamientos hoy y en el pasado que han impactado a todo un país. Es una transformación. Todos hablan de este Jesús que sigue haciendo milagros por medio de sus discípulos.

El diablo dice "basta:" Los apóstoles metidos a la cárcel

Lamentablemente, cuando Dios se mueve con tanto poder, siempre habrá envidia, a menudo de otros pastores y otras iglesias, pero en este caso de los sacerdotes y líderes de los judíos. ¿Qué pueden hacer? Ya han amenazado a Pedro y a Juan, pero eso solo los envalentonó más. Sabemos que nuestra lucha no es contra sangre y carne (Efesios 6:12), sino contra los principados y potestades del maligno. Este es el segundo de tres intentos de parte del establecimiento religioso para detener la iglesia.

[17] El sumo sacerdote y todos sus partidarios, que pertenecían a la secta de los saduceos, se llenaron de envidia. [18] Entonces arrestaron a los apóstoles y los metieron en la cárcel común.

Esta es la segunda vez que fueron encarcelados. No dice exactamente quiénes fueron; seguramente Pedro y Juan, pero posiblemente todos los apóstoles que Jesús nombró.

Otro "pero" de Dios

[19] Pero en la noche un ángel del Señor abrió las puertas de la cárcel y los sacó. [20] «Vayan —les dijo—, preséntense en el templo y comuniquen al pueblo todo este mensaje de vida».

La Biblia está llena de "peros", y este "pero" es poderoso. Nadie lo pidió ni lo declaró. Dios actúa soberanamente. Una cárcel no es un problema para Dios; Él simplemente manda a un ángel para abrir las puertas y sacarlos de la cárcel. ¡Tantos reos le han pedido a Dios que envíe a ese ángel a su cárcel! Sabemos que

Dios puede. ¡Gloria a Dios por esos milagros! Pero sabemos también que no es siempre así.

En lugar de esconderse, dejar Jerusalén para ir a un lugar más tranquilo, o al menos no predicar en público en el templo, el ángel les ordena que aparezcan en el templo y continúen predicando.

¿Qué harías tú? ¿Eres obediente a compartir el mensaje de la vida a pesar de las consecuencias?

21 Conforme a lo que habían oído, al amanecer entraron en el templo y se pusieron a enseñar. Cuando llegaron el sumo sacerdote y sus partidarios, convocaron al Consejo, es decir, a la asamblea general de los ancianos de Israel, y mandaron traer de la cárcel a los apóstoles. 22 Pero, al llegar los guardias a la cárcel, no los encontraron. Así que volvieron con el siguiente informe: 23 «Encontramos la cárcel cerrada, con todas las medidas de seguridad, y a los guardias firmes a las puertas; pero, cuando abrimos, no encontramos a nadie adentro».

Al amanecer hay tres escenas muy distintas:

1. En el templo los apóstoles se ponen a enseñar. No pierden ni una hora para ministrar a la gente. No hay evidencia de temor; obedecen la palabra del Señor.
2. En el gran salón de la asamblea general, los ancianos de Israel, encabezados por el sumo sacerdote, convocan al Consejo, con la esperanza de parar este movimiento. Ya sea crucifixión o cárcel, tienen que hacer algo para preservar su posición y la paz de Jerusalén.
3. La cárcel está vacía, pero no hay evidencia de una fuga. Todo está en orden (¡el ángel cerró las puertas después

de sacarlos!), pero hay una gran sorpresa adentro. Los guardias traen la noticia al Consejo.

²⁴ Al oírlo, el capitán de la guardia del templo y los jefes de los sacerdotes se quedaron perplejos, preguntándose en qué terminaría todo aquello. ²⁵ En esto, se presentó alguien que les informó: «¡Miren! Los hombres que ustedes metieron en la cárcel están en el templo y siguen enseñando al pueblo». ²⁶ Fue entonces el capitán con sus guardias y trajo a los apóstoles sin recurrir a la fuerza, porque temían ser apedreados por la gente.

Qué bueno cuando la obra de Dios deja a sus enemigos perplejos. No hay explicación para su presencia en el templo, y ya tienen una gran audiencia en ese momento, tanto que los guardias temen ser apedreados por ellos. Los apóstoles no resisten; saben que están en la voluntad de Dios y confían en Él, pase lo que pase.

Los apóstoles ante el Consejo

²⁷ Los condujeron ante el Consejo, y el sumo sacerdote les reclamó: ²⁸ —Terminantemente les hemos prohibido enseñar en ese nombre. Sin embargo, ustedes han llenado a Jerusalén con sus enseñanzas, y se han propuesto echarnos la culpa a nosotros de la muerte de ese hombre.

La raíz de su ira es la culpa por la muerte de Jesús. Es el nombre de Jesús que siempre es el problema. Tenemos que enseñar y ministrar en ese nombre, como si Jesús mismo estuviera hablando. Cuando enseñamos así, hay un impacto poderoso. Esta no es una "exageración evangelística" (que, lamentablemente, muchos ministros cometen). La verdad obvia es que la ciudad está llena de esta enseñanza. Todos hablan de los milagros y la vida de la iglesia.

¿Cómo responderán los apóstoles? ¿Qué dirías tú?

29 —¡Es necesario obedecer a Dios antes que a los hombres! —
respondieron Pedro y los demás apóstoles—.

Pedro ya les dijo lo mismo la última vez. Es un tema delicado, porque la Biblia también enseña la importancia de obedecer a las autoridades que Dios ha establecido. Pero cuando hay un claro conflicto entre la voluntad de Dios y la de los hombres inconversos, tenemos que obedecer a Dios, a pesar de las consecuencias. Solo tenemos que estar seguros de que Dios realmente lo ha mandado y no es simplemente una excusa para hacer lo que queremos hacer.

30 El Dios de nuestros antepasados resucitó a Jesús, a quien ustedes mataron colgándolo de un madero. 31 Por su poder, Dios lo exaltó como Príncipe y Salvador, para que diera a Israel arrepentimiento y perdón de pecados. 32 Nosotros somos testigos de estos acontecimientos, y también lo es el Espíritu Santo que Dios ha dado a quienes le obedecen.

Dadas las circunstancias, uno podría esperar que Pedro diga algo para calmar al Consejo, pero fuertemente los acusa de ser responsables de la muerte del *"Príncipe y Salvador".* Nuevamente, el enfoque sencillo de su breve mensaje es Jesús. Los apóstoles son testigos del Cristo resucitado y no pueden dejar de compartir esta buena noticia de arrepentimiento y perdón de pecados que Israel necesita tanto. Y ellos no son los únicos; el Espíritu Santo de Dios también es testigo.

Pedro dice algo interesante sobre el Espíritu aquí: es un don, pero no para todos; es para aquellos que *obedecen* a Dios. Este Espíritu trabaja con nosotros hoy para testificar sobre Jesucristo. Pedro inicia y concluye sus palabras hablando de la obediencia. ¿Son estos líderes judíos obedientes a Dios? Pedro no lo dice, pero es obvio que él cree que no. Los apóstoles han experimentado las bendiciones de la obediencia, sobre todo la presencia del Espíritu Santo, y no van a arriesgar esa unción al desobedecer a su Señor.

¿Y tú? ¿Cómo está tu obediencia? ¿Puede que la desobediencia sea una razón por la cual no experimentas más de la plenitud del Espíritu?

La decisión del Consejo

33 A los que oyeron esto se les subió la sangre a la cabeza y querían matarlos.

¡Es muy frustrante!

- Crucificaron a Jesús para poner un fin a sus enseñanzas, y Dios lo resucitó.
- Mandaron a los apóstoles que no hablaran más en el nombre de Jesús, y la evidencia de todas las sanidades y liberaciones, y el apoyo popular es tanto que tienen miedo de matarlos.
- Los arrestan y los encarcelan, y un ángel abre las puertas de la cárcel.

Estos son hombres comunes, y el Consejo tiene mucho dinero y mucho poder, ¡pero son impotentes frente a los apóstoles! Pedro no hizo nada para acomodar al Consejo o tranquilizarlo. Están furiosos y decididos a matarlos, pero Dios tiene planes para ellos, y Él levanta a un fariseo con palabras muy sabias:

34 Pero un fariseo llamado Gamaliel, maestro de la ley muy respetado por todo el pueblo, se puso de pie en el Consejo y mandó que hicieran salir por un momento a los apóstoles. 35 Luego dijo: «Hombres de Israel, piensen dos veces en lo que están a punto de hacer con estos hombres. 36 Hace algún tiempo surgió Teudas, jactándose de ser alguien, y se le unieron unos cuatrocientos hombres. Pero lo mataron y todos sus seguidores se dispersaron y allí se acabó todo. [37] Después de él surgió Judas el galileo, en los días del censo, y logró que la gente lo siguiera. A él también lo mataron, y todos sus secuaces se dispersaron. [38] En este caso les aconsejo que dejen a estos hombres en paz. ¡Suéltenlos! Si lo que se proponen y hacen es de origen humano, fracasará; [39] pero, si es de Dios, no podrán destruirlos, y ustedes se encontrarán luchando contra Dios».

En estas situaciones es fácil responder con las emociones y sobre todo la ira. Pocas personas analizan la situación, reflexionan sobre la historia y lo que ha sucedido en otras situaciones parecidas, y hablan sabiamente. Creo que Dios inspiró a Gamaliel a decir estas palabras.

Hay momentos en las escrituras cuando tenemos que recordarnos que algunas palabras son de gente que no conoce a Dios. Las palabras de Gamaliel se citan muchas veces, como garantía de que algo de origen humano fracasará y que algo de Dios no puede ser destruido. Puede ser cierto en muchos casos, pero también sabemos que hay muchas cosas de origen humano que han prosperado, y hay obras de Dios que han sido destruidas por hombres malevolentes. Es duro luchar contra Dios, pero muchos lo hacen.

Posiblemente Gamaliel había escuchado las enseñanzas de Jesús y tenía verdadera fe en Dios. Era nieto del famoso rabino Hillel y maestro de Saulo, y muy respetado por todo el pueblo. Ciertamente, sus palabras expresan esa fe: dejar a los apóstoles en las manos de Dios.

Se dejaron persuadir por Gamaliel. [40] Entonces llamaron a los apóstoles y, luego de azotarlos, les ordenaron que no hablaran más en el nombre de Jesús. Después de eso los soltaron.

Aceptaron lo que surgió Gamaliel y los soltaron, pero no antes de azotarlos y ordenarles que no hablaran en el nombre de Jesús.

No dejan de andar con Jesús

⁴¹ Así, pues, los apóstoles salieron del Consejo, llenos de gozo por haber sido considerados dignos de sufrir afrentas por causa del Nombre. ⁴² Y día tras día, en el templo y de casa en casa, no dejaban de enseñar y anunciar las buenas nuevas de que Jesús es el Mesías.

Al igual que la primera vez (en el capítulo 4) que amenazaron a los apóstoles, esto solo sirvió para animarlos aún más. No pueden dejar de enseñar y anunciar las buenas nuevas; cada día están ministrando no solo en el templo sino también de casa en casa. Así otra vez la porción termina con un retrato de la iglesia victoriosa.

Una pausa...

Vamos a tomar una pausa aquí para recuperar el aliento. No sabemos exactamente cuánto tiempo hemos pasado en estos primeros cinco capítulos de Hechos, pero ha sido espectacular. Es como estar en el cielo. Dios lo permitió para que estableciera su iglesia. Desafortunadamente, todavía estamos en esta tierra, y este sabor del cielo, esta luna de miel, pronto se acabará.

Vale la pena reflexionar sobre las cosas más importantes que hemos visto en estos capítulos.

La obra transformadora del Espíritu Santo. Aún más que estar físicamente en la presencia de Jesucristo, el bautismo del Espíritu transformó a un hombre como Pedro: de alguien impulsivo que incluso negó a Jesús, a ser el líder de la joven iglesia con el valor para predicar, confrontar a las autoridades y ministrar con tanto poder que la gente buscaba que su sombra cayera sobre ellos.

Una sobreabundancia de milagros. Dice que *todos* los enfermos fueron sanados y *todos* los atormentados fueron liberados. Es la continuación del ministerio de Jesús y el cumplimiento de su promesa de que ellos harían las mismas obras y aún mayores.

La soberanía de Dios. Los apóstoles no planearon Pentecostés; fue un movimiento soberano de Dios. Cuando los apóstoles fueron encarcelados, un ángel los liberó.

La conversión masiva de la gente. Miles de personas aceptaron a Jesús en este corto tiempo. Una y otra vez, Hechos habla sobre el crecimiento de la iglesia. Aunque nuestro enfoque no es números (la *calidad* de los creyentes es más importante que su *cantidad*), es obvio que el curso normal de una iglesia llena del Espíritu es un crecimiento notable.

El poder de una predicación bíblica, ungida y cristocéntrica. No hay manipulación de la gente ni mensajes largos. No temen hablar sobre el pecado ni la necesidad del arrepentimiento. No entretienen a la gente ni cuentan historias personales de sus experiencias con Jesús. Citan la Biblia y hablan de quién es Jesús.

Un verdadero compañerismo y evidente amor entre los creyentes. Quieren estar juntos. Se congregan todos los días en el templo y en las casas. Comparten la Santa Cena para recordarles siempre que Jesús es la razón de ser. Hay una unidad impresionante entre ellos.

Tienen el favor y respeto de toda la gente. No hay evidencia de hipocresía ni nada que pueda dañar la reputación de la iglesia.

Sus bienes y su dinero son compartidos. Su amor se manifiesta para eliminar toda necesidad en la iglesia.

Hay un temor saludable de Dios. La muerte de Ananías y Safira confirma que Dios toma en serio la santidad y la honestidad en su iglesia.

Una palabra que resume estos capítulos es "**sobrenatural**". Está totalmente fuera de la experiencia ordinaria en este mundo.

¿Fue algo único? Muchos eruditos dicen que "sí": Dios trabajó de una manera muy especial para establecer la iglesia, pero hoy no es posible experimentar lo mismo.

Yo digo: ¿Por qué no? Jesús nunca dijo que nuestra experiencia dejaría de ser sobrenatural. Él dio la expectativa de mayores obras y la maravilla del bautismo del Espíritu Santo. Yo anhelo lo que veo en estos capítulos y creo que es el deseo de cada cristiano sincero. Claro que hay estaciones en nuestras vidas y en la iglesia. Vale la pena estudiar la historia de la iglesia a través de los siglos.

Si a veces tú tienes dudas sobre Dios y la Biblia, yo creo que estos capítulos deberían eliminarlas. Esto es pura historia. No hay duda de que estas personas existieron y de que la iglesia se estableció en esos años en Jerusalén. Algunos pueden disputar las historias de Edén o el gran diluvio, pero algo poderoso sucedió en estos años que estableció la iglesia cristiana como la religión dominante del mundo, que ha transformado millones de vidas. Estamos en línea directa con Pedro y los otros apóstoles, y todavía experimentamos el mismo bautismo en el Espíritu Santo.

8

Una amenaza a la unidad de la iglesia resuelta

Hechos 6:1-7:70

El problema

¹En aquellos días, al aumentar el número de los discípulos, se quejaron los judíos de habla griega contra los de habla aramea de que sus viudas eran desatendidas en la distribución diaria de los alimentos.

Acabamos de ver las mentiras de Ananías y Safira y el intento del diablo de corromper a la iglesia con hipocresía. Fue la primera indicación de un problema dentro de la iglesia, pero ahora hay un problema con el potencial de dividirla.

He comentado que los apóstoles no respondieron al crecimiento de la iglesia con programas. Tampoco tenemos registro de que Jesucristo haya hablado de la importancia de alimentar a las viudas. Jesús nos mandó hacer discípulos, sanar a los enfermos, liberar a los endemoniados y amar. Pero el amor se manifiesta en la vida cotidiana, en el cuidado de los necesitados, y casi siempre toca la economía de alguna manera. Por su propia voluntad, los hermanos vendieron casas y terrenos (entregando el dinero a los apóstoles), por el impresionante resultado de eliminar toda necesidad financiera en la iglesia. Ahora vemos que rápidamente establecieron un programa diario de distribución de alimentos a las viudas, que puede ser masivo en una iglesia de más de diez mil personas. Un programa tan grande invita a abusos y quejas. A pesar de la presencia de Dios en la iglesia, todavía son seres humanos y había un problema.

Siempre habrá problemas, y por desgracia, siempre habrá quejas, incluso entre los redimidos del Señor. Era un problema fatal para los hebreos en el éxodo, y ahora también ha invadido la iglesia. Cuando el diablo no logra su resultado deseado con ataques desde el exterior, las *murmuraciones* (RVR) pueden destruir una iglesia desde adentro.

No es nada nuevo tener problemas de cultura, nacionalidad e idioma. Esas divisiones naturales prueban la unidad de cualquier iglesia, incluso la iglesia primitiva. Algunos de los creyentes hablaban griego. Se criaron en otras provincias del imperio, resultado de la diáspora judía, y tenían una cultura muy diferente a la de los judíos de habla aramea en Judá. La diferencia en el idioma creó dificultades, y los hablantes de griego tendían a ser más prósperos y más instruidos. Pero eran "extranjeros", y de alguna manera (ya sea en realidad o en percepción), en la distribución de alimentos, sus viudas fueron desatendidas (NTV: *discriminadas*). Es triste, pero la realidad es que la discriminación es demasiado común en la iglesia hoy, ya sea por raza, idioma, cultura, clase o cualquier otra diferencia que pueda existir entre nosotros. Siempre debemos vigilar y luchar contra esa discriminación.

La solución

[2] *Así que los doce reunieron a toda la comunidad de discípulos y les dijeron: «No está bien que nosotros los apóstoles descuidemos*

el ministerio de la palabra de Dios para servir las mesas. ³ Hermanos, escojan de entre ustedes a siete hombres de buena reputación, llenos del Espíritu y de sabiduría, para encargarles esta responsabilidad. ⁴ Así nosotros nos dedicaremos de lleno a la oración y al ministerio de la palabra».

Los doce tomaron la iniciativa. No lo hicieron en secreto; reunieron a toda la comunidad y presentaron una solución al problema. Parece que era una cuestión de prioridades y tiempo: los apóstoles no solo predicaban e hacían el ministerio, sino que también administraban estos programas. Es una prioridad que muchos pastores deben observar: dedicarse a la oración y al ministerio de la palabra en lugar de ocuparse de los detalles de edificios y programas.

Su solución es delegar; otorgar a hombres fieles la responsabilidad de servir y atender a todas las viudas cuidadosamente. En lugar de escogerlos, los apóstoles confían en la iglesia para hacer esta selección y así mantener su control sobre el programa. Los apóstoles solo exigieron algunas características a los candidatos.

1. Serían siete; el número de consumación en la Biblia.
2. Hombres (y eran hombres) de buena reputación.
3. Hombres llenos del Espíritu.
4. Hombres llenos de sabiduría.

No eran cuestiones de habilidad sino de carácter y espiritualidad. Es importante tener en cuenta que las calificaciones para un ministerio de servicio son iguales de altas que para el ministerio de la palabra. A veces, la iglesia puede elegir a un hombre de negocios exitoso o a alguien altamente estudiado que parezca calificado para administrar los negocios de la iglesia, pero no posee esas cualidades espirituales. ¿Buscamos estas cualidades en los diáconos en nuestras iglesias? ¿Tenemos incluso diáconos?

5 Esta propuesta agradó a toda la asamblea. Escogieron a Esteban, hombre lleno de fe y del Espíritu Santo, y a Felipe, a Prócoro, a Nicanor, a Timón, a Parmenas y a Nicolás, un prosélito de Antioquía. 6 Los presentaron a los apóstoles, quienes oraron y les impusieron las manos.

Cuando presentamos algo sabio, inspirado por el Espíritu, agradará a toda la iglesia. No dice cómo fueron elegidos, pero fueron presentados a los apóstoles. Ellos no cuestionaron su elección, sino que oraron y les impusieron las manos para ordenarlos a este ministerio.

Todos tenían nombres griegos, lo que implica que incluso los que hablaban arameo tenían conocimiento de la cultura griega. Desde el principio, Esteban fue destacado como un hombre lleno de fe y del Espíritu. Fue nombrado primero y, obviamente, era un hombre especial. De los demás, vamos a conocer a Felipe en el capítulo 8. Nicolás era un prosélito (gentil que había aceptado la religión judía) de la ciudad de Antioquía y, por lo tanto, de habla griega. El grupo tendría la diversidad necesaria para atender bien a las viudas griegas.

El resultado

7 Y la palabra de Dios se difundía: el número de los discípulos aumentaba considerablemente en Jerusalén, e incluso muchos de los sacerdotes obedecían a la fe.

Este versículo sigue el patrón normal de Hechos: un resumen o retrato del estado de la iglesia. Este es el primero de seis resúmenes del crecimiento de la iglesia en Hechos (9:31, 12:24,

16:5, 19:20 y 28:30-31). El mensaje es claro: la naturaleza de la iglesia es crecer.

Con los apóstoles liberados de los detalles del programa de alimentación, se dedicaron a la palabra, que se difundía aún más. Cuando hacemos cosas en obediencia al Espíritu, veremos más crecimiento. Incluso muchos sacerdotes aceptaron a Jesús como su Mesías, y el número de discípulos aumentaba considerablemente (*se multiplicaba grandemente*, RVR). Ese éxito y crecimiento a menudo provocan envidia y persecución.

Oposición levantada por celos

8 Esteban, hombre lleno de la gracia y del poder de Dios, hacía grandes prodigios y señales milagrosas entre el pueblo.

¿Has notado la importancia de hombres que caminan con Jesús en el poder del Espíritu? Hasta ahora, en Hechos, Pedro se ha destacado, pero ya Dios está levantando a otros. Lamentablemente, este poderoso ministerio de Esteban será de corta duración, pero pronto veremos a Felipe, Pablo, Bernabé y otros que son instrumentos en las manos del Señor. ¿Puede que tú seas un hombre (o mujer) que Dios usa en señales y prodigios?

Seleccionaron a Esteban para coordinar el ministerio de alimentación de las viudas, pero está claro que tiene un llamado más amplio. Eso pasa mucho en la iglesia; alguien puede empezar con un ministerio humilde, pero cuando sirve fielmente, Dios le abre otras puertas. Ya dijeron que Esteban estaba lleno del Espíritu, de fe y de sabiduría, y tenía buena reputación; ahora dicen que estaba lleno de la gracia y el poder de Dios.

9 Algunos de la sinagoga llamada de los Esclavos Libertados, junto con algunos de Cirene, de Alejandría, de Cilicia y de la provincia de Asia, comenzaron a discutir con Esteban. (DHH)

Ya hemos visto la tensión que invadió incluso la iglesia de Jesucristo, entre creyentes de habla aramea y griega. Tal como nosotros tenemos iglesias formadas en gran parte por un grupo étnico, así era entre los judíos también. Hay dos grupos nombrados aquí; los dos de una minoría:

1. Una sinagoga compuesta por esclavos liberados y sus descendientes.
2. Un grupo de extranjeros: judíos de nacimiento y algunos prosélitos, pero de una cultura distinta.

No sabemos por qué discutieron con Esteban. Posiblemente tenía algo que ver con la alimentación de las viudas, pero más probablemente con el poder de su ministerio de palabra y señales milagrosas, que atrajeron a muchos de esos grupos a Cristo.

[10] *Como no podían hacer frente a la sabiduría ni al Espíritu con que hablaba Esteban,* [11] *instigaron a unos hombres a decir: «Hemos oído a Esteban blasfemar contra Moisés y contra Dios».*

El hombre impío se frustra aún más cuando no puede enfrentarse al cristiano. Esteban fue inspirado por el Espíritu Santo y ellos no podían competir con su sabiduría. Así que inventaron un caso muy serio de blasfemia contra Moisés y contra Dios. El diablo los utilizó para incitar a otros, y lamentablemente muchos creyeron en las mentiras. ¿Te suenan familiares las acusaciones contra Esteban? De tal palo, tal astilla; dijeron lo mismo sobre Jesús (Marcos 14:64, Juan 10:33).

Debemos tener mucho cuidado hoy con lo que creemos en las redes sociales. Todos tienen sus opiniones y quejas. Las discusiones teológicas siempre son peligrosas, y pueden descender rápidamente en calumnias, mentiras e incluso demandas legales. Tenemos que resistir la tentación de caer en lo mismo.

Esteban ante el Consejo

12 Agitaron al pueblo, a los ancianos y a los maestros de la ley. Se apoderaron de Esteban y lo llevaron ante el Consejo. 13 Presentaron testigos falsos, que declararon: «Este hombre no deja de hablar contra este lugar santo y contra la ley. 14 Le hemos oído decir que ese Jesús de Nazaret destruirá este lugar y cambiará las tradiciones que nos dejó Moisés».

Estos no son los líderes de los judíos que agitan al pueblo. Son de una sinagoga de extranjeros, pero solo unas pocas personas pueden causar caos. Con tanta gente, fácilmente atraparon a Esteban y lo llevaron ante el Consejo (o el Concilio) de los líderes judíos. Igual que con Jesús, un juicio justo sería imposible con estas mentiras. Es interesante que sus acusaciones se centren en un edificio (el templo) y en tradiciones. Este es el tercero (y más fuerte) de los intentos del diablo de destruir la iglesia.

¿Había alguna base para sus acusaciones? Es cierto que Jesús dijo que su cuerpo espiritual, la iglesia, tomaría el lugar del templo. Jerusalén ya no sería el centro del culto. Jesús también profetizó, correctamente, que ese templo sería destruido. De hecho, fue destruido por los romanos en el 70 d.C. y nunca fue reconstruido. Jesús también habló frecuentemente en contra de las tradiciones que los judíos guardaban fuera de la ley, más notablemente en el Sermón del Monte. Jesús mismo es el cumplimiento de la ley.

15 Todos los que estaban sentados en el Consejo fijaron la mirada en Esteban y vieron que su rostro se parecía al de un ángel.

No podían dejar de mirar el rostro de Esteban; nunca habían visto a un hombre tan parecido a un ángel. En la Biblia, solo el rostro de Moisés brilló así.

La predicación de Esteban

El capítulo seis es el más breve de Hechos; el séptimo, el más largo. La mayor parte de ese capítulo es la prédica de Esteban al Consejo. Empieza con un resumeh de la historia de Israel, en cuatro épocas.

1. Abraham y los patriarcas (7:2-8).
2. José y el exilio en Egipto (9-19).
3. Moisés y el éxodo en el desierto (20-44). Señala la rebelión del pueblo y su deseo de volver a Egipto como la primera evidencia de la dureza de sus corazones.
4. David y Salomón y el establecimiento de la monarquía (45-50).

En cada una de esas épocas, la presencia de Dios no se limitaba a un solo lugar. Dios es un dios vivo, que se mueve y hace cosas nuevas. El Altísimo no habita en casas construidas por manos humanas (7:48). Así, Esteban despreció la importancia que daban al templo (y nos da una pausa para reflexionar sobre nuestra atracción por los edificios).

Ellos escucharon atentamente hasta ese punto, pero entonces Esteban los condenó y no podían tolerar más:

[51] *»¡Tercos, duros de corazón y torpes de oídos! Ustedes son iguales que sus antepasados: ¡Siempre resisten al Espíritu Santo!* [52] *¿A cuál de los profetas no persiguieron sus antepasados? Ellos mataron a los que de antemano anunciaron la venida del Justo, y ahora a este lo han traicionado y*

asesinado [53] ustedes, que recibieron la ley promulgada por medio de ángeles y no la han obedecido».

Este es un hombre valiente, sin temor alguno, sabiendo que probablemente lo matarían. Una y otra vez denuncia a estos líderes del país y de la religión.

- Son tercos.
- Duros de corazón.
- Torpes de oídos.
- Iguales a sus antepasados, siempre resisten al Espíritu Santo.
- Igual a ellos, persiguen a los profetas de Dios.
- Mataron a Juan el Bautista, quien anunció de antemano la venida del Mesías.
- Traicionaron y asesinaron a Jesús, el Justo.

Tenían el gran privilegio de recibir la ley promulgada por medio de ángeles. ¡La misma ley que los acusadores de Esteban dicen que él habla en contra, y ellos no la han obedecido! Con esa condena, ¿qué otra opción tienen estos líderes?

El primer mártir

[54] Al oír esto, rechinando los dientes montaron en cólera contra él. [55] Pero Esteban, lleno del Espíritu Santo, fijó la mirada en el cielo y vio la gloria de Dios, y a Jesús de pie a la derecha de Dios.

[56] —¡Veo el cielo abierto —exclamó—, y al Hijo del hombre de pie a la derecha de Dios!

Las piedras no le importan a Esteban. ¡Ya ha visto a Jesús y la gloria del cielo! Pensamos en Cristo *sentado* a la diestra del Padre, pero aquí está *de pie*, tal vez listo para recibir a Esteban.

57 Entonces ellos, gritando a voz en cuello, se taparon los oídos y todos a una se abalanzaron sobre él, 58 lo sacaron a empellones fuera de la ciudad y comenzaron a apedrearlo. Los acusadores le encargaron sus mantos a un joven llamado Saulo.

Esta es la presentación de Saulo. Quizás él era parte del grupo de extranjeros, ya que era de Tarso y hablaba griego. No participó en la lapidación, pero el primer versículo del capítulo ocho dice: "*Y Saulo estaba allí, aprobando la muerte de Esteban*" (¿por qué alguien separó ese versículo del capítulo 7?). Es casi como si Saulo estuviera supervisando su muerte.

Es difícil aceptar el cambio y confesar que estamos equivocados. Por desgracia, a lo largo de los siglos de la historia de la iglesia, muchas personas murieron a manos de otros cristianos que no querían aceptar el cambio, no querían renunciar a su posición y no querían confesar que estaban equivocados o en pecado.

59 Mientras lo apedreaban, Esteban oraba. —Señor Jesús —decía—, recibe mi espíritu.— 60 Luego cayó de rodillas y gritó: —¡Señor, no les tomes en cuenta este pecado!— Cuando hubo dicho esto, murió (griego: *durmió*).

Al igual que Jesucristo, mientras moría, pide perdón por sus asesinos. Y así murió el primer mártir cristiano. ¿Por qué permitiría Dios que alguien tan dedicado y piadoso muriera así? Esas son las preguntas que son difíciles de contestar. Pero ese día empezó una obra poderosa en la vida del joven Saulo, y la persecución resultó en un gran crecimiento para la iglesia.

9

Lo que Dios puede hacer con un hombre disponible

Hechos 8

Felipe era uno de los diáconos nombrados en el capítulo 6; un hombre de buen testimonio, lleno del Espíritu y de sabiduría. Felipe nos da un ejemplo de cómo evangelizar una ciudad y un individuo. Con este capítulo, hay un cambio importante en la dirección de la iglesia. Hasta ahora, se ha centrado en Jerusalén. Tres veces hemos visto intentos (sin éxito) de silenciar a la iglesia. Pero, como siempre, Dios redime lo que el diablo pretende para el mal. Durante el resto de este libro, la iglesia se expande cada vez más, hasta llegar a la capital del imperio, la misma Roma, al final del libro.

La primera persecución

Las cosas pueden cambiar rápidamente. Cuando Dios se mueve en poder, el diablo se levantará en contra. ¿Crees que la persecución es posible en tu país? Jesús dijo que sería parte de los últimos días antes de su venida (Juan 16), pero cuando hay tanta bendición, es fácil creer que no se aplica a nosotros.

La muerte de alguien tan piadoso como Esteban fue un duro golpe para la joven iglesia, pero ahora hay una amenaza aún peor: ese fariseo llamado Saulo.

¹Aquel día se desató una gran persecución contra la iglesia en Jerusalén, y todos, excepto los apóstoles, se dispersaron por las regiones de Judea y Samaria. ²Unos hombres piadosos sepultaron a Esteban e hicieron gran duelo por él. ³Saulo, por su parte, causaba estragos en la iglesia: entrando de casa en casa, arrastraba a hombres y mujeres y los metía en la cárcel.

La Nueva Traducción Viviente da en el verso 3 una sola meta que tenía Saulo: *acabar con la iglesia*. Este hombre fue responsable de desatar una gran persecución. Nadie pensaría que Saulo se convertiría en Pablo, uno de los apóstoles más grandes de toda la historia, pero Dios puede transformar a la persona más endurecida.

La verdad es que la iglesia era muy próspera y cómoda. Casi olvidaba el propósito del Espíritu Santo que Jesús declaró justo antes de su ascensión: "*Cuando venga el Espíritu Santo sobre ustedes, recibirán poder y serán mis testigos tanto en Jerusalén como en toda Judea y Samaria, y hasta los confines de la tierra*" (Hechos 1:8). Con tantas bendiciones en la iglesia, era fácil perder esa visión misionera. Así que Dios permitió una persecución para ayudar a los hermanos a obedecer su mandato, y dispersó a los hermanos por Judea y Samaria. ¡Es mejor no esperar una persecución que nos obligue a salir al campo misionero!

Felipe evangeliza Samaria

⁴Los que se habían dispersado predicaban la palabra por dondequiera que iban. ⁵Felipe bajó a la ciudad de Samaria y les anunciaba al Mesías.

Ahora todos (no solo los apóstoles o diáconos) predican. No tienes que ser enviado como misionero; solo predica la palabra dondequiera que vayas en la vida cotidiana.

Felipe era un amigo cercano de Esteban. Salió de Jerusalén angustiado y se fue de luto a la ciudad principal de Samaria. No es la primera vez que el evangelio llega a Samaria; Jesús mismo había ministrado allí después de su encuentro con la mujer samaritana (Juan 4), pero hasta ahora nadie de la iglesia quería ir allí.

6 Al oír a Felipe y ver las señales milagrosas que realizaba, mucha gente se reunía y todos prestaban atención a su mensaje. 7 De muchos endemoniados los espíritus malignos salían dando alaridos, y un gran número de paralíticos y cojos quedaban sanos. 8 Y aquella ciudad se llenó de alegría.

Una vez más, vemos esa poderosa combinación de palabra y milagros. Es importante "oír" y también "ver" para tener fe. Cuando los paralíticos caminan y los endemoniados son liberados, todos prestan atención. Esa ciudad fue transformada y llena de alegría. ¿No crees que es algo que el Señor quiere hacer por su gloria hoy también?

Un hombre complicado

9 Ya desde antes había en esa ciudad un hombre llamado Simón que, jactándose de ser un gran personaje, practicaba la hechicería y asombraba a la gente de Samaria. 10 Todos, desde el más pequeño hasta el más grande, le prestaban atención y exclamaban: «¡Este hombre es al que llaman el Gran Poder de Dios!»

Ahora hay un choque de reinos. ¿Quién va a ganar? Muchas veces, en la obra misionera—o simplemente en la iglesia—

encontramos a una persona complicada. Hasta la llegada de Felipe, Simón era la superestrella en Samaria. Se hacían pasar por alguien importante. Al igual que Felipe (quien atrajo a toda la ciudad), todos prestaron atención a Simón. Era un hechicero, y con su poder diabólico podía asombrar (y engañar) a la gente. Este sería un caso difícil.

[11] Lo seguían porque por mucho tiempo los había tenido deslumbrados con sus artes mágicas. [12] Pero, cuando creyeron a Felipe, que les anunciaba las buenas nuevas del reino de Dios y el nombre de Jesucristo, tanto hombres como mujeres se bautizaron. [13] Simón mismo creyó y, después de bautizarse, seguía a Felipe por todas partes, asombrado de los grandes milagros y señales que veía.

Ya sabemos que Felipe era un hombre lleno del Espíritu Santo y de sabiduría. A pesar de ser solo un diácono (y por poco tiempo), hizo todo bien:

- Anunciaba las buenas nuevas del reino de Dios y el nombre de Jesucristo.
- Bautizó a los nuevos creyentes.
- Hizo grandes milagros y señales.

Ahora su ministerio sería probado. Simón ya tenía una larga historia en esa ciudad. Ahora quería experimentar el poder de Dios, y quedó asombrado por las maravillas que hizo Felipe. ¿Realmente se había arrepentido? En este punto, es difícil saberlo. Es posible que haya percibido que ya había perdido su audiencia y que sería mejor ser parte de este nuevo movimiento. Parece que quería ser un líder en la iglesia, tal como lo hacía con sus artes mágicas. Él también quería hacer milagros y señales. Andaba cerca de Felipe, y Felipe lo permitió. En sí, podría ser una buena oportunidad para discipular a alguien que ya tiene experiencia en el liderazgo. Simón podría ser el primer pastor de esta nueva iglesia.

Hay gente que tiene interés en las cosas espirituales y, posiblemente por su ignorancia, puede aceptar las doctrinas de demonios. Existe poder satánico en la magia. Hay que tener mucho cuidado con esas cosas porque engañan a la gente. Felipe necesita mucha sabiduría para tratar con Simón.

Bautizados en el Espíritu

Aparentemente, los apóstoles no enviaron a Felipe a Samaria, y pasó un buen rato hasta que la noticia llegó a Jerusalén de que Samaria había recibido la palabra de Dios. A pesar del mandato de Jesús, el prejuicio judío contra los samaritanos dejó a los apóstoles con dudas sobre si era posible salvar a los samaritanos, y enviaron a las dos columnas de la iglesia para investigar:

14 Cuando los apóstoles que estaban en Jerusalén se enteraron de que los samaritanos habían aceptado la palabra de Dios, les enviaron a Pedro y a Juan. 15 Estos, al llegar, oraron por ellos para que recibieran el Espíritu Santo, 16 porque el Espíritu aún no había descendido sobre ninguno de ellos; solamente habían sido bautizados en el nombre del Señor Jesús. 17 Entonces Pedro y Juan les impusieron las manos, y ellos recibieron el Espíritu Santo.

Qué extraño. Felipe estaba lleno del Espíritu, pero a pesar de todas las manifestaciones del Espíritu Santo y de los muchos que recibieron el mensaje y fueron bautizados en agua (que en otras ocasiones incluía el bautismo en el Espíritu), ninguno de los samaritanos había recibido el Espíritu. Algunos eruditos han postulado que fue para confirmar a los apóstoles que realmente habían sido salvos, pero podemos notar algunas cosas importantes aquí:

- Lo primero que hicieron cuando llegaron fue orar para que recibieran el Espíritu.

- Había algo obvio para que supieran que no fueron bautizados en el Espíritu. Parece que, en su experiencia, cuando alguien aceptaba a Jesús y era bautizado en agua, al mismo tiempo el Espíritu descendía con manifestaciones de lenguas, tal como en Pentecostés en el aposento alto y lo que Pedro predicó (Hechos 2:38).

- Hay algunas sectas (la más común se llama "Apostólicos") que no creen en la Trinidad y dicen que hay que ser bautizado solo "en el nombre de Jesús". Pero esa fue precisamente la razón dada aquí para no recibir el Espíritu: no fueron bautizados de acuerdo con el mandato de Jesús, en el nombre del Padre, del Hijo y del Espíritu Santo. Tal vez Felipe nunca recibió una orientación sobre cómo bautizar a los nuevos creyentes.

- Parece que o todos o ninguno recibieron el bautismo. En Pentecostés, todos fueron bautizados. Aquí, el Espíritu no había descendido sobre nadie. Parece que ahora todos recibieron el Espíritu.

- Lo recibieron cuando Pedro y Juan impusieron las manos.

Un estudio de las ocasiones en que el Espíritu descendió revela una gran variación; no hay una sola forma de recibir el Espíritu. Puede ser en el momento de la conversión, junto con el bautismo en agua, o en una experiencia única después de la conversión y el bautismo en agua. Lo esencial es recibirlo. Y tú, ¿ha descendido el Espíritu sobre ti? ¿Es una parte importante de tu ministerio asegurarse de que la gente haya recibido el Espíritu?

Simón pide el mismo poder para ministrar el bautismo

[18] Al ver Simón que mediante la imposición de las manos de los apóstoles se daba el Espíritu Santo, les ofreció dinero [19] y les pidió: —Denme también a mí ese poder, para que todos a quienes yo les imponga las manos reciban el Espíritu Santo.

Había algo obvio e impresionante que ocurrió con la imposición de manos, y Simón, característicamente, desea ese poder. Podría ser que él fuera sincero y solo ignorara que no se puede comprar ese don. Simón parece ser alguien a quien no quieres ofender. Tal vez solo necesita más tiempo en el discipulado. Pero Pedro puede ver su corazón y lo confronta:

[20] —¡Que tu dinero perezca contigo —le contestó Pedro—, porque intentaste comprar el don de Dios con dinero! [21] No tienes arte ni parte en este asunto, porque no eres íntegro delante de Dios. [22] Por eso, arrepiéntete de tu maldad y ruega al Señor. Tal vez te perdone el haber tenido esa mala intención. [23] Veo que vas camino a la amargura y a la esclavitud del pecado.

No puedes comprar el don de Dios ni un puesto en la iglesia. Incluso un curso de seminario no te califica para administrar el don de Dios. Tienes que ser íntegro delante de Dios y estar llamado por el Señor.

Pedro no le asegura a Simón el perdón de Dios por su pecado; dice: *"tal vez"* el Señor le perdonará. Simón creyó, fue bautizado y andaba pegado a Felipe, pero no había un arrepentimiento genuino. Posiblemente necesitaba liberación de los espíritus inmundos por el tiempo que pasó practicando las artes mágicas. Con una palabra de ciencia, Pedro vio que todavía era un esclavo del pecado y que iba camino a la amargura.

24 —*Rueguen al Señor por mí —respondió Simón—, para que no me suceda nada de lo que han dicho.*

Es común que alguien, confrontado con su pecado y sus consecuencias, parezca arrepentido. No sabemos si rogaron por él o si echaron fuera sus demonios. Los padres de la iglesia primitiva escribieron que Simón era un hereje.

Es posible tener fe e incluso ser bautizado y no ser salvo. Y tú, ¿eres realmente salvo, libre de la esclavitud al pecado? Dice que Simón fue asombrado por las señales y milagros que vio. Hay gente que viene a la iglesia y se asombra por la presencia de Dios, la buena música, el amor y los milagros que pueden suceder. Quieren ser parte de algo tan hermoso, pero no hay arrepentimiento y no son salvos.

25 *Después de testificar y proclamar la palabra del Señor, Pedro y Juan se pusieron en camino de vuelta a Jerusalén, y de paso predicaron el evangelio en muchas poblaciones de los samaritanos.*

Una nueva tarea para Felipe

Felipe abrió el camino para que Samaria recibiera a Jesús. Ahora Pedro y Juan predicaban en muchas aldeas samaritanas y dejaron la nueva iglesia en manos de Felipe. Pero Dios tiene otra tarea para Felipe. Su Señor le llama a dejar este hermoso avivamiento y una iglesia nueva para evangelizar a una sola persona.

26 *Un ángel del Señor le dijo a Felipe: «Ponte en marcha hacia el sur, por el camino del desierto que baja de Jerusalén a Gaza».*

No hay ninguna razón dada para este viaje. Sería fácil creer que fue el diablo quien sacó a Felipe de un campo de ministerio muy fértil para enviarlo al desierto, pero parece que Felipe estaba acostumbrado a recibir mensajes angelicales. Es un mandato claro, pero muy inconveniente. Primero, debe caminar hacia Jerusalén (unos 43 km o 27 millas), y luego caminar en el calor del desierto hacia Gaza (nadie sabe cuántos kilómetros caminó; todo el camino sería de 79 km o 49 millas). Y sin saber por qué. Puede parecer loco.

[27] *Felipe emprendió el viaje, y resulta que se encontró con un etíope eunuco, alto funcionario encargado de todo el tesoro de la Candace, reina de los etíopes. Este había ido a Jerusalén para adorar* [28] *y, en el viaje de regreso a su país, iba sentado en su carroza, leyendo el libro del profeta Isaías.*

Felipe no discutió con el ángel; simplemente obedeció y emprendió el viaje. Esa respuesta automática de obediencia abrirá muchas oportunidades para evangelizar y ser usado por el Señor. Dios está buscando hombres y mujeres disponibles, y parece que le cuesta encontrarlos. Puede ser que ninguno de los apóstoles en Jerusalén estuviera disponible. ¿Eres tú una persona en la que Dios puede confiar, con quien puede contar para escuchar su voz y obedecerla? Debe ser tu meta.

¡Dios es soberano!

En este caso, era alguien muy importante: un alto funcionario de la reina de los etíopes. Un hombre piadoso, él había viajado unos 4,220 km (2,622 millas) para adorar en Jerusalén. Y (¡por casualidad!) estaba leyendo Isaías.

Cuando andamos en obediencia al Señor, Él prepara el camino delante de nosotros. Él va a preparar a la gente y enviarte a ella, o traerla a ti. ¿Estás dispuesto a caminar horas en el calor del día para evangelizar a una sola persona? Dios empieza con cosas pequeñas, y cuando observa nuestra obediencia, nos brinda oportunidades cada vez más importantes. Esta fue una tarea muy importante. La tradición dice que este hombre llevó el evangelio a Etiopía y estableció una iglesia que permanece hasta nuestros días.

29 El Espíritu le dijo a Felipe: «Acércate y júntate a ese carro».

Muchas veces, nosotros queremos una visión amplia de la voluntad de Dios: "¿Cuál es el ministerio que tienes para mí? ¿Con quién me voy a casar? ¿Cuál es el propósito de mi vida?" Pero, a menudo, Dios nos guía paso a paso, esperando nuestra obediencia al primer paso para guiarnos al siguiente. ¿Crees que Dios puede guiarte tan claramente como guió a Felipe aquí? ¿Tienes la fe para obedecer y acercarte a alguien que no conoces?

30 Felipe se acercó de prisa a la carroza y, al oír que el hombre leía al profeta Isaías, le preguntó: —¿Acaso entiende usted lo que está leyendo?

Felipe obedeció "*de prisa*" (NTV: *corriendo*). Dios no le dijo qué decir, pero nos da sentido común. Tenemos que observar lo que está sucediendo con la persona y buscar una entrada para hablar acerca de Jesús. Aquí es muy obvio: está leyendo al profeta Isaías. Siempre es una buena pregunta para alguien a quien ves leyendo la Biblia (o literatura cristiana): "¿Entiendes lo que estás leyendo?"

31 —¿Y cómo voy a entenderlo —contestó— si nadie me lo explica?

Así que invitó a Felipe a subir y sentarse con él.

La puerta está abierta. Cuando alguien te invite a compartir a Cristo, ¡aprovecha la oportunidad! Siéntate con la persona (¡qué bendición después de horas caminando al sol!). Qué importante es conocer la Biblia y saber cómo responder a las preguntas de los inconversos y explicar lo que dice la palabra.

³² El pasaje de la Escritura que estaba leyendo era el siguiente:

> *«Como oveja, fue llevado al matadero;*
> *y como cordero que enmudece ante su trasquilador,*
> *ni siquiera abrió su boca.*
> *³³ Lo humillaron y no le hicieron justicia.*
> *¿Quién describirá su descendencia?*
> *Porque su vida fue arrancada de la tierra».*

³⁴ —Dígame usted, por favor, ¿de quién habla aquí el profeta, de sí mismo o de algún otro? —le preguntó el eunuco a Felipe.

³⁵ Entonces Felipe, comenzando con ese mismo pasaje de la Escritura, le anunció las buenas nuevas acerca de Jesús.

Otra vez vemos la poderosa mano del Señor, incluso guiando al eunuco a uno de los pasajes más claros acerca del Mesías en el Antiguo Testamento (Isaías 53). Es un capítulo muy bueno para evangelizar a un judío, y un capítulo muy especial para el eunuco. ¿Por qué? Yo siempre había pensado: "Qué hermoso. Este era un hombre muy especial. Un adorador de Dios. Un alto funcionario de la reina. Un hombre muy bendecido." Y seguramente Dios lo había bendecido. Pero era un eunuco. No era un hombre en el sentido de lo que entendemos por hombre. Fue vendido o sacado de su hogar cuando era niño. Le quitaron los testículos. Nunca podría casarse o tener hijos. Fue despreciado y desechado entre los hombres, varón de dolores, experimentado en quebranto y molido. Este eunuco viajó a Jerusalén en busca de esperanza y respuestas, y ahora volvió a casa leyendo sobre otro hombre despreciado y molido. Otro hombre que nunca tuvo relaciones con una mujer. Pero, ¿quién sería? Ahora Felipe le presenta a Jesucristo. ¡Claro que este eunuco quiere recibir a Jesús!

36 *Mientras iban por el camino, llegaron a un lugar donde había agua, y dijo el eunuco: —Mire usted, aquí hay agua. ¿Qué impide que yo sea bautizado?*

Allí están, en medio del desierto, y Dios milagrosamente proporciona agua justo a tiempo para que el eunuco tome la decisión de aceptar a Cristo. ¡Y el hombre quiere ser bautizado!

37 *—Si cree usted de todo corazón, bien puede —le dijo Felipe.*

—Creo que Jesucristo es el Hijo de Dios —contestó el hombre.

El bautismo en agua es importante. Casi siempre en Hechos, en la iglesia primitiva, la gente se bautizaba tan pronto como recibía a Cristo (por ejemplo, el día de Pentecostés en Hechos 2, y Pablo y Silas con el carcelero y su familia en Hechos 16). Pedro dijo que la condición es el arrepentimiento; aquí Felipe dice que se tiene que creer de todo corazón, y el eunuco hizo esa confesión de fe. Simplemente no hay fundamento bíblico para el bautismo infantil; un bebé no puede arrepentirse ni tener fe.

Estoy de acuerdo en que las clases tienen valor para asegurarse de que alguien entienda la salvación y el bautismo, pero no dieron clases en Hechos. ¿Has sido bautizado en agua como creyente?

38 *Entonces mandó parar la carroza, y ambos bajaron al agua, y Felipe lo bautizó.*

39 *Cuando subieron del agua, el Espíritu del Señor se llevó de repente a Felipe. El eunuco no volvió a verlo, pero siguió alegre su camino.* **40** *En cuanto a Felipe, apareció en Azoto, y se fue* *predicando el evangelio en todos los pueblos hasta que llegó a Cesarea.*

Cuando Felipe terminó su tarea, el Espíritu se lo llevó. Siempre es bueno proporcionar un seguimiento (y es más fácil hoy en día con WhatsApp y las redes sociales), pero en este caso sería el Espíritu Santo quien lo proporciona. Este era un versículo popular en las prisiones: ¡la posibilidad de ser llevado milagrosamente a otro lugar!

Azoto era una de las ciudades principales de los filisteos, a unos 35 km (22 millas) de Gaza. El camino a Cesarea sería de 105 km (65 millas), lo que le daría a Felipe muchas oportunidades para evangelizar. En Hechos 21, Pablo se quedó en la casa de Felipe en Cesarea, 25 años después. Parece que Felipe estableció la iglesia allá y tenía a cuatro hijas solteras que profetizaban.

Un solo hombre disponible para Dios fue responsable de la transformación de toda una ciudad y de la conversión de un hombre importante que llevó el evangelio a Etiopía. Dios puede hacer lo mismo contigo. ¿Tienes oídos para escuchar su voz? ¿Estás disponible y dispuesto a obedecer su voz? Es una parte esencial de andar como Jesús anduvo.

10

Otro hombre disponible: Ananías ministra a Saulo

Hechos 9:1-31

Ya hemos visto varios ejemplos de la obra soberana de Dios y la maravillosa forma en que Él puede trabajar por medio de una persona disponible a Él. Pero siempre hay cosas difíciles de comprender:

- ¿Cómo podría Dios permitir la muerte cruel de Esteban, uno de sus siervos tan especiales?
- ¿Cómo podría permitir que este hombre, Saulo, cause tanto daño a la comunidad de fe?

¿Hay algo en tu vida en este momento que sea difícil de entender? A pesar de tus muchas oraciones, la persona complicada no cambia y la situación difícil no se resuelve.

En este pasaje, vamos a ver un poquito más sobre cómo trabaja el Señor y qué significa andar como Jesús anduvo. Esta es la segunda de tres conversiones claramente orquestadas por el Señor. Dios tiene un propósito importante para cada una:

- Un hombre que llevaría el evangelio a Etiopía (Felipe y el eunuco).
- Saulo, quien sería el gran apóstol Pablo, llevando el evangelio a los gentiles
- En el siguiente capítulo, Cornelio, quien abrió los corazones de Pedro y de la iglesia a la inclusión de los gentiles.

Saulo intenta destruir la iglesia

¹Mientras tanto, Saulo, respirando aún amenazas de muerte contra los discípulos del Señor, se presentó al sumo sacerdote ²y le pidió cartas de extradición para las sinagogas de Damasco. Tenía la intención de encontrar y llevarse presos a Jerusalén a todos los que pertenecieran al Camino, fueran hombres o mujeres.

Hay mucha gente terca en el mundo, persiguiendo un camino malvado y haciendo mucho daño al reino de Dios. Este hombre, Saulo, parece un caso perdido. Tiene mucho celo religioso y está decidido a eliminar esta secta herética. Años más tarde, cuando relató su testimonio, dijo que estaba *violentamente en contra de ellos* y *enfurecido sobremanera contra ellos* (Hechos 26:11, NTV). ¿Hay alguien en tu vida que parece un caso perdido y está tan endurecido en contra del evangelio?

No es suficiente que Saulo fuera responsable de una gran persecución en Jerusalén; ahora quiere "limpiar" a todas las comunidades judías del imperio de los cristianos y tiene el apoyo del sumo sacerdote y de los líderes judíos en Jerusalén. En aquel entonces, era inusual arrestar a mujeres; casi siempre eran los hombres quienes sufrían por su fe. Pero Saulo estaba tan celoso que persiguió a hombres y mujeres por igual. Sería complicado matarlos fuera de Judea, pero Saulo obtuvo cartas de extradición para llevarlos a Jerusalén y matarlos. ¡Nada ni nadie va a detener a este hombre!

Esta es la primera vez que el nombre "El Camino" para los cristianos aparece en la Biblia (también aparece en Hechos 19:9 y 23; 22:4; 24:14 y 22). Era un nombre apropiado: Jesús dijo "*Yo soy el Camino, la Verdad y la Vida*" (Juan 14:6); estos creyentes habían encontrado el único verdadero Camino a la vida.

Intervención soberana

³ En el viaje sucedió que, al acercarse a Damasco, una luz del cielo relampagueó de repente a su alrededor. ⁴ Él cayó al suelo y oyó una voz que le decía: —Saulo, Saulo, ¿por qué me persigues?

⁵ —¿Quién eres, Señor? —preguntó.

—Yo soy Jesús, a quien tú persigues —le contestó la voz—. ⁶ Levántate y entra en la ciudad, que allí se te dirá lo que tienes que hacer.

Dios esperó hasta que casi llegó a su destino, un viaje de unos 241 kilómetros (150 millas). A menudo no entendemos el tiempo del Señor, pero Él siempre tiene sus propósitos. Cuando hay alguien tan endurecido como Saulo, a quien nadie puede tocar con la palabra, Dios es muy capaz de revelarse y hacer lo que sea necesario para salvarlo. Ver esa luz y escuchar esa voz tenían que ser muy impactantes, y de hecho fue un momento transformador para Pablo, quien siempre lo incluyó en su testimonio.

La pregunta que Jesús tiene para Saulo es "*¿por qué me persigues?*" Y Saulo respondió: "*¿Quién eres, Señor?*" Él puede estar confiado de que nunca hizo nada contra Jesús, pero Cristo dice que perseguir a su iglesia es perseguir a Cristo mismo.

Años después, frente al Rey Agripa, Pablo compartió más de lo que sucedió ese día (Hechos 26):

[9] »Pues bien, yo mismo estaba convencido de que debía hacer todo lo posible por combatir el nombre de Jesús de Nazaret. [10] Eso es precisamente lo que hice en Jerusalén. Con la autoridad de los jefes de los sacerdotes metí en la cárcel a muchos de los santos y, cuando los mataban, yo manifestaba mi aprobación. [11] Muchas veces anduve de sinagoga en sinagoga castigándolos para obligarlos a blasfemar. Mi obsesión contra ellos me llevaba al extremo de perseguirlos incluso en ciudades del extranjero.

[12] »En uno de esos viajes iba yo hacia Damasco con la autoridad y la comisión de los jefes de los sacerdotes. [13] A eso del mediodía, oh rey, mientras iba por el camino, vi una luz del cielo, más refulgente que el sol, que con su resplandor nos envolvió a mí y a mis acompañantes. [14] Todos caímos al suelo, y yo oí una voz que me decía en arameo: "Saulo, Saulo, ¿por qué me persigues? ¿Qué sacas con darte cabezazos contra la pared?" [15] Entonces pregunté: "¿Quién eres, Señor?" "Yo soy Jesús, a quien tú persigues —me contestó el Señor—. [16] Ahora, ponte en pie y escúchame. Me he aparecido a ti con el fin de designarte siervo y testigo de lo que has visto de mí y de lo que te voy a revelar. [17] Te libraré de tu propio pueblo y de los gentiles. Te envío a estos [18] para que les abras los ojos y se conviertan de las tinieblas a la luz, y del poder de Satanás a Dios, a fin de que, por la fe en mí, reciban el perdón de los pecados y la herencia entre los santificados".

Hay dos cosas importantes que no aparecen en el capítulo 9:

1. Jesús le pregunta: *"¿Qué sacas con darte cabezazos contra la pared?"* Otras versiones dicen: *"Te estás haciendo daño a ti mismo, como si dieras coces contra el aguijón"* (DHH) o *"Es inútil*

que luches contra mi voluntad" (NTV). Aunque este encuentro parece repentino, posiblemente Saulo había visto a Jesús antes de su crucifixión y había estado resistiendo su llamado por un tiempo. Estaba turbado y luchando con dudas, porque en su búsqueda de la justicia de Dios, se sintió impotente ante los deseos de su carne. Podría ser que estuviera convencido por las palabras y la apariencia de Esteban el día que le apedrearon.

Muchos de nosotros sabemos que es difícil dar coces contra el aguijón. ¿Hay alguna área de tu vida en este momento donde te haces daño a ti mismo porque estás luchando contra la voluntad de Dios?

2. El propósito de este encuentro incluye la salvación de Saulo y la bendición de conocer a este Cristo que había perseguido, pero el mayor propósito (como en tu llamado a la salvación) es el ministerio que Saulo tendrá al ministrar a los gentiles. Saulo no buscaba a Dios, pero desde el vientre de su madre, Dios ya lo había llamado. ¿Hay libre albedrío? Sí, pero Dios es soberano, y hay veces en que Él claramente puede llamar y tocar a alguien. Seguramente, muchos cristianos también estaban orando fervientemente por su salvación (¡o muerte!). ¿Qué has visto en tu vida del llamado y la obra soberana de Dios, y tu libre albedrío?

Tal como a Abraham, Dios no le revela todo a Saulo a la vez. Él tiene que levantarse, ir a la ciudad (humillado, en lugar de respirar muerte) y esperar el próximo paso. Podría rebelarse, no entrar en Damasco y volver a Jerusalén, pero eso realmente sería chocar contra la pared. Es mucho mejor seguir las instrucciones del Señor; si una vez tú has luchado con Dios, ya sabes lo difícil que es.

[7] Los hombres que viajaban con Saulo se detuvieron atónitos, porque oían la voz, pero no veían a nadie. [8] Saulo se levantó del

suelo, pero cuando abrió los ojos no podía ver, así que lo tomaron de la mano y lo llevaron a Damasco. ⁹ Estuvo ciego tres días, sin comer ni beber nada.

Este hombre, altamente entrenado, ahora era como un bebé. No sabía nada. No sabía si su visión sería restaurada. Algo lo impulsó a no comer ni beber nada, aunque no sabía cuánto tiempo tendría que ayunar.

Dios hizo lo que ningún hombre podía hacer. Él puede soberanamente restaurar su visión y bautizarlo en el Espíritu, pero Dios prefiere usar a nosotros. Sería importante que Saulo recibiera la ministración de un hermano cristiano, y sería una oportunidad para que Ananías crezca en su fe.

Un hombre disponible para ministrar al asesino de cristianos

¹⁰ Había en Damasco un discípulo llamado Ananías, a quien el Señor llamó en una visión. —¡Ananías!

—Aquí estoy, Señor.

¿Crees que Dios todavía nos llama en visiones? ¿Por qué no? La cuestión es si estamos escuchando. Dios siempre busca hombres y mujeres disponibles para hacer su voluntad. Hay muchas cosas que Él quiere hacer en este mundo, pero tal como Jesús dijo: *"La mies es mucha, más los obreros pocos"* (Lucas 10:2). ¿Tienes esa actitud de Ananías? "Heme aquí, envíame a mí." El hombre no sabe lo difícil que será esta tarea, pero cuando Dios nos llama, Él nos capacita y prepara el camino delante de nosotros.

¹¹ —Anda, ve a la casa de Judas, en la calle llamada Derecha, y pregunta por un tal Saulo de Tarso. Está orando, ¹² y ha visto en

una visión a un hombre llamado Ananías, que entra y pone las
manos sobre él para que recobre la vista.

¡Será difícil escapar de esta tarea! ¡Saulo ya está esperando a
Ananías! ¿Había orado alguna vez Ananías para que alguien
recuperara la vista? No lo sabemos. ¿Qué hizo Saulo esos tres
días ciego y ayunando? ¡Oraba! Y Dios sigue revelándose en
visiones. Saulo está ciego, pero ahora ve más que nunca. La
dirección para Ananías está muy clara; sabe exactamente qué
hacer y dónde ir (la calle Derecha sigue siendo una de las calles
principales de Damasco).

13 Entonces Ananías respondió: —Señor, he oído hablar mucho de
ese hombre y de todo el mal que ha causado a tus santos en
Jerusalén. 14 Y ahora lo tenemos aquí, autorizado por los jefes de
los sacerdotes, para llevarse presos a todos los que invocan tu
nombre.

Ananías no es el primero en cuestionar un llamado del Señor.
Dios lo permite, pero cómo Él responde depende de la persona.
¡Puede ser fuerte! Probablemente todos los creyentes en
Damasco ya saben que Saulo quiere llevarlos presos a Jerusalén,
y estaban orando y temblando. Los creyentes han divulgado las
noticias en todo el imperio del mal que ha hecho. Pobre Ananías
tiene temor; le parece una trampa (¿puede ser el diablo
hablando con él?).

15 —¡Ve! —insistió el Señor—, porque ese hombre es mi
instrumento escogido para dar a conocer mi nombre tanto a las
naciones y a sus reyes como al pueblo de Israel. 16 Yo le mostraré
cuánto tendrá que padecer por mi nombre.

Dios no le da una salida fácil. Tal vez nadie más estaba disponible
para realizar esta tarea tan importante. Nunca escuchamos nada

más acerca de Ananías, pero este discípulo humilde tiene el privilegio de ministrar a uno de los generales de Dios. Pablo tendrá un ministerio muy impresionante, pero también es el propósito de Dios que padezca por el nombre de Jesús (¿tal vez porque lo perseguía tanto?).

[17] Ananías se fue y, cuando llegó a la casa, le impuso las manos a Saulo y le dijo: «Hermano Saulo, el Señor Jesús, que se te apareció en el camino, me ha enviado para que recobres la vista y seas lleno del Espíritu Santo». [18] Al instante cayó de los ojos de Saulo algo como escamas, y recobró la vista. Se levantó y fue bautizado; [19] y, habiendo comido, recobró las fuerzas.

No sabemos muchos detalles exactamente sobre cómo sucedió. ¿Se fue Ananías con mucho temor o con mucha autoridad y confianza? Lo importante es que obedeció; la obediencia es evidencia de nuestra fe, y las emociones no importan tanto. Dios honra esa obediencia y hace la obra. A pesar de sus temores, llama a Saulo "hermano"; probablemente esa fue la primera vez que Saulo escuchó ese término de afecto aplicado a él mismo. No menciona el Espíritu Santo en su llamado (verso 12) ni después, pero probablemente, junto con su bautismo en agua, cuando Ananías impuso las manos, el Señor bautizó a Pablo en el Espíritu. Puede ser que, cuando Ananías proclamó esa palabra, Saulo recobró la vista. Estaba débil, pero comió y recobró las fuerzas. Solo podemos imaginar el asombro y el gozo de Ananías, y ese primer tiempo de comunión entre aquellos que ahora son hermanos en Cristo. No menciona lo que sucedió con los compañeros de Saulo que lo acompañaron desde Jerusalén; posiblemente, ellos también recibieron a Cristo o volvieron asustados a Jerusalén para compartir la noticia con los sacerdotes.

Saulo predica en las sinagogas de Damasco

Saulo pasó varios días con los discípulos que estaban en Damasco, ²⁰ *y en seguida se dedicó a predicar en las sinagogas, afirmando que Jesús es el Hijo de Dios.* ²¹ *Todos los que le oían quedaban asombrados, y preguntaban: «¿No es este el que en Jerusalén perseguía a muerte a los que invocan ese nombre? ¿Y no ha venido aquí para llevárselos presos y entregarlos a los jefes de los sacerdotes?»* ²² *Pero Saulo cobraba cada vez más fuerza y confundía a los judíos que vivían en Damasco, demostrándoles que Jesús es el Mesías.*

Por lo general, le damos un tiempo a un nuevo converso para establecerse, dar testimonio de una vida transformada y estudiar la palabra. De hecho, hay muchas historias tristes de personas famosas que reciben al Señor y de la noche a la mañana están predicando y ministrando, pero son blancos para el diablo y no tienen bases firmes en el Señor, y fracasan. Pero Pablo fue un caso especial. Como fariseo, ya tenía mucha formación y conocimiento de la palabra, y ahora era lleno del Espíritu Santo. Yo he visto hombres salvados en la cárcel, y dentro de unos días están predicando la palabra con unción. Dios puede levantar a alguien cuando Él quiera.

Aunque su llamado fue a los gentiles, lógicamente (como lo hizo siempre en sus viajes misioneros), primero fue a las sinagogas, proclamando a Jesucristo como su Mesías. Estaban asombrados y confundidos por la fuerza de su palabra.

²³ *Después de muchos días, los judíos se pusieron de acuerdo para hacerlo desaparecer,* ²⁴ *pero Saulo se enteró de sus maquinaciones. Día y noche vigilaban de cerca las puertas de la ciudad con el fin de eliminarlo.* ²⁵ *Pero sus discípulos se lo llevaron*

de noche y lo bajaron en un canasto por una abertura en la murralla.

La NVI dice *"para hacerlo desaparecer"*, pero el griego dice "matarlo" o "asesinarlo"." La verdad es que cuando hay alguien que nos confunde, queremos hacerlo desaparecer, o como dice en el verso 24, *eliminarlo*. Esta es la primera de muchas experiencias cercanas a la muerte de Saulo; ya está aprendiendo cuánto tiene que padecer por el nombre de Cristo.

Sabemos de Gálatas 1:17-18 que los *"muchos días"* fueron tres años y medio que pasó en "Arabia"; probablemente un tiempo de estudio y preparación en el desierto cerca de Damasco.

Es interesante que diga que *"sus discípulos"* lo ayudaron a escapar. Parece que en esos *"muchos días"* ya se había establecido como un maestro que manejaba muy bien las Escrituras.

26 Cuando llegó a Jerusalén, trataba de juntarse con los discípulos, pero todos tenían miedo de él, porque no creían que de veras fuera discípulo.

¡Los que oraban y debían tener mucha fe, regocijándose en la transformación de este hombre, le tenían miedo! ¡Qué duro es cuando alguien quiere juntarse con la iglesia, pero, debido a su vida anterior, los cristianos tienen miedo y no lo reciben! Alguien tenía que llevarlo a los "apóstoles" para recibir su apoyo, y cae en Bernabé, ese hombre especial que ya apareció al final del capítulo 4, para hacerse amigo de él. ¿Tienes ese corazón de Bernabé para ayudar a alguien?

27 Entonces Bernabé lo tomó a su cargo y lo llevó a los apóstoles. Saulo les describió en detalle cómo en el camino había visto al Señor, el cual le había hablado, y cómo en Damasco había predicado con libertad en el nombre de Jesús. *²⁸ Así que se quedó con ellos, y andaba por todas partes en Jerusalén, hablando abiertamente en el nombre del Señor. ²⁹ Conversaba y discutía con los judíos de habla griega, pero ellos se proponían eliminarlo. ³⁰ Cuando se enteraron de ello los hermanos, se lo llevaron a Cesarea y de allí lo mandaron a Tarso.*

Gracias a Dios por su denuedo y obediencia al predicar. Seguramente fue un gran susto para los sacerdotes y líderes religiosos, quienes lo enviaron a arrestar a los discípulos en Damasco. Ahora vuelve a casa, a su pueblo natal, Tarso. Esta es ya la segunda vez que los judíos querían eliminarlo.

Resumen: El estado de la iglesia

³¹ Mientras tanto, la iglesia disfrutaba de paz a la vez que se consolidaba en toda Judea, Galilea y Samaria, pues vivía en el temor del Señor. E iba creciendo en número, fortalecida por el Espíritu Santo.

Característica de lo que ya hemos visto en Hechos, esta parte termina con otro resumen del estado de la iglesia. Esta porción empezó en el capítulo 6 e incluye la primera persecución, la primera vez que el evangelio llega a los gentiles (los samaritanos) y el llamado de Saulo, el apóstol a los gentiles. Con su conversión, esa persecución termina, y nuevamente hay paz.

Ahora, la iglesia de Jerusalén (sin incluir hermanos en otros lugares, como Ananías en Damasco) se consolidaba no solo en Judea, sino también en Galilea y Samaria. Tenían paz, pero parece que también tenían un nuevo respeto por Dios, viviendo en el temor del Señor. Su número sigue creciendo, debido a la obra del Espíritu Santo que los fortalece y les da poder para testificar acerca de Jesús.

Tu camino a Damasco

¿Has tenido un encuentro con Jesús como Saulo tuvo en el camino a Damasco? ¿O todavía te estás lastimando, como si dieras coces contra el aguijón? Saulo era un hombre muy estudiado y muy religioso. Estaba en camino para cumplir lo que él creía que era la voluntad de Dios, pero estaba equivocado. He conocido a pastores que se dan cuenta de que nunca han tenido una conversión real. Han servido a Dios a su manera. No todas las conversiones son tan dramáticas como la de Saulo, pero es importante tener ese encuentro con Jesús y nacer de nuevo.

La conversión de Saulo es una afirmación poderosa de la realidad del Cristo viviente. Saulo era un escéptico. Necesitaba algo muy fuerte para convencerle de que Cristo era su Mesías. No hay duda de que Saulo era un hombre, un fariseo, que vivió en el primer siglo, plantó muchas iglesias y escribió cartas que forman parte de nuestras Biblias. Es normal tener dudas a veces, pero esta historia (y todo el libro de los Hechos) es una confirmación sólida de lo que creemos.

11

El primer viaje misionero de Pedro

Hechos 9:32-10:23

Si alguien realmente busca a Dios y quiere saber la verdad, el Señor puede usar medidas extraordinarias para revelarse y llevarlo a la salvación. Hoy hay muchos testimonios, sobre todo entre musulmanes, a menudo de que Cristo les aparece en sueños. Ya hemos visto dos ejemplos en Hechos:

- Con el eunuco, envió a Felipe en un viaje largo por el desierto, solo para presentarle a Jesús, ¡e incluso le proporcionó el agua para bautizarlo!
- Con Saulo fue una revelación del Cristo viviente y una interrupción completa de su vida. Ananías fue el discípulo que Dios usó para ministrar a Saulo.

Dios está preparando todo para la inclusión de los gentiles en la iglesia. Ya tiene a su apóstol/misionero (Saulo/Pablo), pero necesita cambiar la mentalidad de Pedro, el líder de los apóstoles. Pedro era un hombre terco y requiere una revelación casi tan dramática como su conversión, una visión que le permita viajar a la casa de un hombre gentil. Pero primero, tendrá la oportunidad de sanar a una persona paralizada y resucitar a una mujer muerta.

Pedro sana a un paralitico en Lida

Jesús siempre estaba en movimiento: recorría toda la región de Judea y Galilea, e incluso las regiones contiguas. Así es la obra de un apóstol. A diferencia de lo que casi siempre hemos visto en Hechos, Pedro viajó solo aquí. Una simple visita a la iglesia en Lida resulta en una curación que sirve como chispa para una explosión en el crecimiento de la iglesia:

[32] *Pedro, que estaba recorriendo toda la región, fue también a visitar a los santos que vivían en Lida.* [33] *Allí encontró a un paralítico llamado Eneas, que llevaba ocho años en cama.* [34] *«Eneas —le dijo Pedro—, Jesucristo te sana. Levántate y tiende tu cama». Y al instante se levantó.* [35] *Todos los que vivían en Lida y en Sarón lo vieron, y se convirtieron al Señor.*

Si estamos buscando una fórmula para ministrar curaciones, no hay ninguna. Con el paralítico en Hechos 3, Pedro dijo *"En el nombre de Jesús"*; aquí dice *"Jesucristo te sana"*. Es lo mismo; en ambos está claro que es Jesús quien sana. Pedro dice *"levántate"* a los dos, pero aquí no tiene que extender su mano. Simplemente le manda que se levante y, curiosamente, agrega que debe tender su cama, tal vez para confirmar que ya no siempre tiene que estar en esa cama. Aquí otra vez la curación es instantánea, aunque no siempre es así.

Aparentemente Eneas salió de la casa, anunciando a todos que Jesús lo sanó. En estos pueblos pequeños las noticias se difunden rápidamente; resulta que *"todos"* que vivían en esas aldeas lo vieron y creyeron en Jesús. Otra vez vemos cómo un milagro llama la atención de un pueblo y, por supuesto, quieren conocer a este hacedor de milagros. La que empezó como una simple visita a los santos (bíblicamente todos nosotros los creyentes somos santos) da como resultado una expansión impresionante de la iglesia. El milagro confirmó la palabra que esos santos ya estaban compartiendo.

Dorcas levantada de los muertos

36 Había en Jope una discípula llamada Tabita (que traducido es Dorcas). Esta se esmeraba en hacer buenas obras y en ayudar a los pobres. 37 Sucedió que en esos días cayó enferma y murió. Pusieron el cadáver, después de lavarlo, en un cuarto de la planta alta. 38 Y como Lida estaba cerca de Jope, los discípulos, al enterarse de que Pedro se encontraba en Lida, enviaron a dos hombres a rogarle: «¡Por favor, venga usted a Jope en seguida!»

Mientras Pedro se quedó un rato en Lida, la noticia del milagro llegó a Jope, una aldea vecina, a unos 18 km (11 millas) de distancia. Parece que Pedro no había visitado Jope, aunque ya había una iglesia allí. Dorcas, una de las hermanas mayores de la iglesia y viuda, era conocida por sus buenas obras y por ayudar a los pobres. Aunque estaba claramente muerta, la reputación de Pedro era tal que creían que él aún podía resucitarla. Nos recuerda a Jesús y a Lázaro (Juan 11). En ese caso, Jesús esperó unos días para ir a Lázaro, pero Pedro fue de inmediato.

39 Sin demora, Pedro se fue con ellos, y cuando llegó lo llevaron al cuarto de arriba. Todas las viudas se presentaron, llorando y mostrándole las túnicas y otros vestidos que Dorcas había hecho cuando aún estaba con ellas. 40 Pedro hizo que todos salieran del cuarto; luego se puso de rodillas y oró. Volviéndose hacia la muerta, dijo: «Tabita, levántate». Ella abrió los ojos y, al ver a Pedro, se incorporó. 41 Él, tomándola de la mano, la levantó. Luego llamó a los creyentes y a las viudas, a quienes la presentó viva.

Este es el primer registro de una resurrección por parte de un apóstol. Primero, Pedro hizo que todos salieran del cuarto, como Jesús lo hizo con la resurrección de la hija de Jairo (Marcos 5:40). Pedro quiere prepararse y centrarse en la oración, y probablemente en ese tiempo de comunión con su Maestro recibió una confirmación de que Él quería resucitarla. Aquí Pedro no menciona el nombre de Jesús, a diferencia de las dos curaciones anteriores; posiblemente en esos casos lo dijo en beneficio de los demás. Aquí Pedro simplemente le manda: Levántate. Como hizo con el cojo en el capítulo tres, lo toma de la mano y la levanta. ¡Qué emoción cuando la presenta viva a los creyentes y a las viudas!

⁴² La noticia se difundió por todo Jope, y muchos creyeron en el Señor. ⁴³ Pedro se quedó en Jope un buen tiempo, en casa de un tal Simón, que era curtidor.

Así se terminó su ministerio en Lida; ahora tiene muchos nuevos creyentes para discipular en Jope, el resultado del testimonio de Dorcas.

Un ángel visita a un centurión romano

¹Vivía en Cesarea un centurión llamado Cornelio, del regimiento conocido como el Italiano. ² Él y toda su familia eran devotos y temerosos de Dios. Realizaba muchas obras de beneficencia para el pueblo de Israel y oraba a Dios constantemente.

Jesús reconoció la gran fe de un centurión que resultó en la curación de su siervo (Mateo 8:5-13), pero este es el primer romano mencionado en Hechos. Es un varón de oración, temeroso de Dios y un hombre de familia. Él daba generosamente al pueblo de Israel y toda su familia era devota. Dios quiere bendecirlo, ¿pero cómo? Cuando Dios quiere hacer algo, Él busca a alguien disponible y lo arregla todo.

³ Un día, como a las tres de la tarde, tuvo una visión. Vio claramente a un ángel de Dios que se le acercaba y le decía: —¡Cornelio!

Ya sabemos que las tres de la tarde es la hora de oración para los judíos. Probablemente él estaba orando y en actitud para recibir del Señor. Me fascina cuando alguien me dice: "Yo quiero oír de Dios", pero siempre tiene la televisión, el internet o los audífonos de su celular saturando sus ojos, oídos y mente. Para recibir una visión, es importante estar en un lugar apropiado (o, como Saulo, ser echado al suelo por el impacto de la luz brillante de la presencia de Dios).

Es impresionante recordar que Dios sabe tu nombre. Te llama por tu nombre y te conoce por completo.

⁴ —¿Qué quieres, Señor? —le preguntó Cornelio, mirándolo fijamente y con mucho miedo.

Se nota otra vez el corazón recto de Cornelio. Claro que tenía mucho miedo. En la Biblia es normal tener miedo cuando el Señor o su ángel aparecen. Las historias hoy de gente que conversa con ángeles sin temor no me parecen muy auténticas. A pesar de su temor, lo mira fijamente. Sabe que es enviado del Señor, y su primer instinto es ponerse disponible: *"¿Qué quieres, Señor?"* No le pide nada al ángel, solo quiere hacer la voluntad de Dios.

—Dios ha recibido tus oraciones y tus obras de beneficencia como una ofrenda —le contestó el ángel— ⁵ Envía de inmediato a algunos hombres a Jope para que hagan venir a un tal Simón, apodado Pedro. ⁶ Él se hospeda con Simón el curtidor, que tiene su casa junto al mar.

Primero, el ángel alivia su temor. Dios ha recibido como ofrenda sus oraciones y lo que ha hecho para ayudar a los necesitados, y está complacido con Cornelio. Casi siempre pensamos en las ofrendas como dinero, pero tus oraciones y buenas obras pueden ser una ofrenda a Dios. Está claro que Dios tiene algo positivo para Cornelio, pero no le dice qué sería. Solo le da instrucciones muy precisas sobre qué debería hacer, y hay una urgencia: tiene que enviar a algunos hombres de inmediato. Dios sabe tu nombre, y Él sabe dónde vives y dónde estás en este momento.

El ángel puede predicarle a Jesús, pero Dios casi siempre nos usa a nosotros para evangelizar, y la educación de Pedro fue tan importante como la conversión de Cornelio.

7 Después de que se fue el ángel que le había hablado, Cornelio llamó a dos de sus siervos y a un soldado devoto de los que le servían regularmente. 8 Les explicó todo lo que había sucedido y los envió a Jope.

No lo dijo, pero ahora nos enteramos de que Cornelio es obediente también. Sin preguntar nada más (a diferencia de Moisés, María y muchos otros en la Biblia que recibieron una palabra de Dios), envía a tres hombres confiables a Jope, directamente al sur, a unos 63 km (39 millas). Las dos ciudades estaban en la costa del mar Mediterráneo (Jope hoy es un suburbio de Tel Aviv).

Cornelio hizo su parte. Sus sirvientes ya están camino a Jope. Ahora Dios necesita la cooperación de Pedro. Él confía en Pedro, tal como confió en Felipe y Ananías para el ministerio importante para el eunuco y Saulo.

Pedro, hambriento, ora y le sobreviene un éxtasis

9 Al día siguiente, mientras ellos iban de camino y se acercaban a la ciudad, Pedro subió a la azotea a orar. Era casi el mediodía.

No era la hora de oración, pero fue cuando Pedro apartó un tiempo para orar que Dios pudo hablarle. Desde la azotea podía ver el mar y comunicarse con su Señor.

10 Tuvo hambre y quiso algo de comer. Mientras se lo preparaban, le sobrevino un éxtasis.

Pedro solo sabía que tenía hambre y que tenía que esperar mientras le preparaban la comida. Pero allí, en presencia del Señor, le sobrevino un éxtasis, una visión muy impresionante. ¿Por qué no le envió un ángel? Tal vez para poder ver, casi como una película, el mensaje que Dios tiene para él.

11 Vio el cielo abierto y algo parecido a una gran sábana que, suspendida por las cuatro puntas, descendía hacia la tierra. 12 En ella había toda clase de cuadrúpedos, como también reptiles y aves.

13 —Levántate, Pedro; mata y come —le dijo una voz.

14 —¡De ninguna manera, Señor! —replicó Pedro—. Jamás he comido nada impuro o inmundo.

¿Podría ser una prueba? Parece que reconoció la voz; Pedro lo llama "Señor". Pedro conocía a Jesús íntimamente. ¿Por qué no simplemente le habló el Señor? ¿Por qué el misterio? No lo entendemos, pero muchas veces Dios nos habla así. La voz le manda romper una ley que se ha guardado toda la vida.

15 Por segunda vez le insistió la voz: —Lo que Dios ha purificado, tú no lo llames impuro.

16 Esto sucedió tres veces, y en seguida la sábana fue recogida al cielo.

Dios no le reprende ni le explica el mensaje, aunque está claro: los animales que no podían comerse bajo la Ley, los animales impuros, se han purificado, y Pedro puede comerlos. Esto sería un cambio radical en la interpretación de la Ley y en cómo se aplica al cristiano.

17 Pedro no atinaba a explicarse cuál podría ser el significado de la visión. Mientras tanto, los hombres enviados por Cornelio, que estaban preguntando por la casa de Simón, se presentaron a la puerta. 18 Llamando, averiguaron si allí se hospedaba Simón, apodado Pedro.

¿Te ha pasado a ti? Puedes estar meditando en la Palabra o en oración, y tu esposa o hijos te llaman, alguien viene a la puerta o recibes una llamada telefónica. ¿Por qué Dios no le permitió la oportunidad de reflexionar y entender la visión?

19 Mientras Pedro seguía reflexionando sobre el significado de la visión, el Espíritu le dijo: «Mira, Simón, tres hombres te buscan. 20 Date prisa, baja y no dudes en ir con ellos, porque yo los he enviado».

Para hacerlo más complicado, ahora el Espíritu claramente le dice que debe acompañar a los tres hombres que acaban de llegar a la casa. No le dice por qué; solo que él tiene que obedecer con toda prisa. Dios claramente está organizando todo, y Pedro tiene una parte clave. Ya confundido por la visión, ahora tiene que salir con tres hombres, probablemente romanos, a quienes no conoce. ¡Qué emocionante escuchar la voz del Espíritu así y participar en la gran obra del Señor de esa manera! ¡Tú también puedes!

21 Pedro bajó y les dijo a los hombres: —Aquí estoy; yo soy el que ustedes buscan. ¿Qué asunto los ha traído por acá?

Pedro no discute con el Señor, pero acepta que es de Dios y tiene la actitud que siempre debemos tener cuando Dios nos llama a hacer algo: Aquí estoy. Heme aquí, Señor. Envíame a mí.

[22] *Ellos le contestaron: —Venimos de parte del centurión Cornelio, un hombre justo y temeroso de Dios, respetado por todo el pueblo judío. Un ángel de Dios le dio instrucciones de invitarlo a usted a su casa para escuchar lo que usted tiene que decirle.*

[23] *Entonces Pedro los invitó a pasar y los hospedó.*

Sería difícil rechazar esa invitación. Es una puerta abierta para ministrar. Solo habría un problema para Pedro: un judío no debería tener gentiles en su casa ni comer con ellos.

¿Qué harías tú? ¿Te ha provisto Dios oportunidades similares? ¿Estás disponible para Dios y obediente a su voz? ¿Hay algún momento en tu vida en el que Dios tenga tu atención y pueda hablarte?

12

Pedro en la casa de Cornelio

Hechos 10:23-48

²³Al día siguiente, Pedro se fue con ellos acompañado de algunos creyentes de Jope. ²⁴ Un día después llegó a Cesarea. Cornelio estaba esperándolo con los parientes y amigos íntimos que había reunido.

No parece un viaje tan largo, pero ya es el cuarto día después de la visión que Cornelio recibió. Pedro permitió que esos gentiles pasaran la noche en la casa en Jope, y ahora se van juntos hacia Cesarea. ¡Qué interesante saber de qué estaban hablando en el camino!

Cornelio tenía una gran fe en que Pedro vendría, y parece que tenía alguna idea de cuándo. La visión lo había impresionado mucho, y ha reunido a sus parientes y amigos cercanos. ¡Qué triste sería si Pedro ignorara la voz del Espíritu y se negara a ir a la casa de un gentil! ¡Qué triste cuando Dios prepara el corazón de alguien que sinceramente busca a Dios, y debido a nuestra desobediencia, nadie le comparte el evangelio!

Pedro llega a la casa de Cornelio

25 Al llegar Pedro a la casa, Cornelio salió a recibirlo y, postrándose delante de él, le rindió homenaje (lo adoró, RVR). 26 Pero Pedro hizo que se levantara, y le dijo: —Ponte de pie, que solo soy un hombre como tú.

Pedro está acostumbrado a los elogios de la gente; incluso ellos buscaban que su sombra cayera sobre ellos para recibir una curación. Puede ser tentador recibir la adoración de un centurión, pero Pedro ya sabe algo importante: todos somos iguales ante Dios. Nunca se debe rendir homenaje a otro hombre. Pedro está a punto de abandonar el prejuicio contra los gentiles, que le inculcaron desde la infancia como judío.

Nunca debemos aceptar la adoración de las personas a las que ministramos. Tal vez no se postren ante nosotros, pero hay pastores, apóstoles y otros ministros que permiten o incluso fomentan esta elevación por encima de la gente común de la iglesia.

27 Pedro entró en la casa conversando con él, y encontró a muchos reunidos. 28 Entonces les habló así: —Ustedes saben muy bien que nuestra ley prohíbe que un judío se junte con un extranjero o lo visite. Pero Dios me ha hecho ver que a nadie debo llamar impuro o inmundo. 29 Por eso, cuando mandaron por mí, vine sin poner ninguna objeción. Ahora permítanme preguntarles: ¿para qué me hicieron venir?

Me parece un poquito raro que Pedro no pudiera discernir por el Espíritu qué hacer para compartir el amor de Dios y las buenas noticias de salvación. Dado el respeto y honor con que Cornelio lo recibe, la respuesta del apóstol puede parecer muy brusca. Es casi como si dijera: "Esta es la primera vez que entro en la casa de un gentil. Solo por una revelación de Dios me encuentro acá, pero no entiendo por qué me hicieron venir en este largo viaje."

30 Cornelio contestó: —Hace cuatro días a esta misma hora, las tres de la tarde, estaba yo en casa orando. De repente apareció delante de mí un hombre vestido con ropa brillante, 31 y me dijo: "Cornelio, Dios ha oído tu oración y se ha acordado de tus obras de beneficencia. 32 Por lo tanto, envía a alguien a Jope para hacer venir a Simón, apodado Pedro, que se hospeda en casa de Simón el curtidor, junto al mar". 33 Así que inmediatamente mandé a llamarte, y tú has tenido la bondad de venir. Ahora estamos todos aquí, en la presencia de Dios, para escuchar todo lo que el Señor te ha encomendado que nos digas.

Otra vez se nota el buen corazón del hombre. Está muy agradecido de que Pedro haya venido. Él sabe (¡tal vez mejor que Pedro!) que están en la presencia de Dios. Está confiado en que Dios ha dado un mensaje importante a Pedro para compartir con ellos.

Pedro predica

34 Pedro tomó la palabra, y dijo: —Ahora comprendo que en realidad para Dios no hay favoritismos, 35 sino que en toda nación él ve con agrado a los que le temen y actúan con justicia. 36 Dios envió su mensaje al pueblo de Israel, anunciando las buenas nuevas de la paz por medio de Jesucristo, que es el Señor de todos. 37 Ustedes conocen este mensaje que se difundió por toda Judea, comenzando desde Galilea, después del bautismo que predicó Juan. 38 Me refiero a Jesús de Nazaret: cómo lo ungió Dios con el Espíritu Santo y con poder, y cómo anduvo haciendo el bien y sanando a todos los que estaban oprimidos por el diablo, porque Dios estaba con él. 39 Nosotros somos testigos de todo lo que hizo en la tierra de los judíos y en Jerusalén. Lo mataron, colgándolo de un madero, ⁴⁰ pero Dios lo resucitó al tercer día y dispuso que se apareciera, ⁴¹ no a todo el pueblo, sino a nosotros, testigos previamente escogidos por Dios, que comimos y bebimos con él después de su resurrección. ⁴² Él nos mandó a predicar al pueblo y a dar solemne testimonio de que ha sido nombrado por Dios como juez de vivos y muertos. ⁴³ De él dan testimonio todos los profetas, que todo el que cree en él recibe, por medio de su nombre, el perdón de los pecados.

Tal como las otras prédicas de Pedro, este es un mensaje muy corto. Se tarda unos dos minutos en proclamarlo (aunque algunos eruditos dicen que es solo un resumen de su mensaje). No es necesario mucho tiempo para predicar y comunicar el evangelio. En ese período, Pedro comunica cosas muy importantes. Seguramente no lo había preparado de antemano, pero Dios le dio las palabras.

- Introducción: Lo que Dios le reveló a Pedro
  - No hay favoritismo con Dios
  - No importa la nación, Dios ve con agrado a:
    - Los que le temen
    - Los que actúan con justicia
  - Cornelio es una de esas personas
- Lo que Dios inició con el pueblo de Israel: Buenas nuevas de paz por medio de Jesucristo
  - El camino del evangelio
    - Comenzó con el bautismo que predicó Juan
    - El ministerio de Jesús se originó en Galilea, en Nazaret
    - Se difundió por toda Judea
    - Pedro sabe que las buenas nuevas ya han llegado a Cesarea

- o Quien es Jesús
    - Dios lo ungió con el Espíritu Santo y con poder
    - Anduvo haciendo el bien
    - Sanó a todos los que fueron oprimidos por el diablo
    - Dios estaba con Él
    - Los judíos lo mataron, colgándolo de un madero
    - Dios lo resucitó al tercer día
    - Es el juez de los vivos y los muertos
- La parte de los apóstoles
    - o Son testigos de todo lo que hizo; no hay duda de que Jesús resucitó físicamente
    - o Eran previamente escogidos por Dios
    - o Comieron y bebieron con Él después de su resurrección
    - o Jesús los mandó predicar al pueblo
    - o Tienen que dar testimonio de que Jesús ha sido nombrado por Dios como juez
- No solo los apóstoles, sino todos los profetas dan testimonio de su salvación
    - o Es para todos los que creen en Él
    - o Es por medio de su nombre
    - o Reciben el perdón de los pecados

El Espíritu cae sobre los gentiles

44 Mientras Pedro estaba todavía hablando, el Espíritu Santo descendió sobre todos los que escuchaban el mensaje.

Posiblemente Pedro estaba a punto de dar una invitación, pero no fue necesario. Los corazones estaban tan abiertos y recibieron la palabra con tanta fe que el Espíritu soberanamente descendió sobre todos.

⁴⁵ Los defensores de la circuncisión que habían llegado con Pedro se quedaron asombrados de que el don del Espíritu Santo se hubiera derramado también sobre los gentiles,

Pedro ya recibió la revelación de la inclusión de los gentiles, pero fue acompañado por otros judíos de Jope que probablemente estaban muy incómodos en la casa de gentiles. Lucas los llama *"los defensores de la circuncisión"* y, como la mayoría de los judíos, no podían creer que Dios podía bendecir a alguien incircunciso. Cuando entraron en esa casa, no tenían ninguna expectativa de que Cornelio y los demás pudieran encontrar la salvación, y mucho menos recibir el don del Espíritu Santo. Pero Dios dio la confirmación:

⁴⁶ Pues los oían hablar en lenguas y alabar a Dios.

Hablar en lenguas solo sería posible para alguien bautizado en el Espíritu, lo que Pedro y sus compañeros ya habían recibido. Me imagino algo parecido a Pentecostés en esa casa, con mucho gozo y alabanzas.

Entonces Pedro respondió: ⁴⁷ —¿Acaso puede alguien negar el agua para que sean bautizados estos que han recibido el Espíritu Santo lo mismo que nosotros?— ⁴⁸ Y mandó que fueran bautizados en el nombre de Jesucristo. Entonces le pidieron que se quedara con ellos algunos días.

Otra vez vemos la importancia del bautismo en agua. El primer instinto de Pedro es que, si ya tienen el bautismo en el Espíritu, también deben ser bautizados en agua. No existe un modelo único para recibir esos bautismos. Aquí, como en Pentecostés, fue un don soberano de Dios, probablemente necesario para convencer a Pedro y a sus compañeros de que realmente fueron salvos.

Lo maravilloso de esta historia es el amor de Dios por alguien sincero y las medidas extraordinarias que el Señor puede usar para traer la salvación a esa persona. Pedro ahora es su "padre espiritual", y, por supuesto, quieren que se quede con ellos unos días. Cuando andamos como Jesús anduvo, no tenemos que preparar una agenda. Dios nos manda a donde quiere, y la gente nos recibe y nos hospeda. Tal como el cojo que no soltó a Pedro y a Juan, esta gente está muy agradecida con Pedro. Y ha sido una lección inolvidable para Pedro: por primera vez, tiene un centurión romano como hermano.

¿Estás disponible a Dios? ¿Estás dispuesto a confrontar algunos conceptos comunes entre cristianos que no necesariamente son bíblicos?

13

La expansión de la iglesia

Hechos 11

Fueron días emocionantes y llenos de nuevas experiencias para Pedro en Cesarea. Cornelio inmediatamente empezó a compartir su nueva fe con sus tropas, y más personas aceptaron a Jesús. Pedro se quedó en la casa de gentiles por primera vez, y muy posiblemente comió alimentos no aprobados por la Ley. Pero una cosa es estar en medio de un movimiento sobrenatural de Dios y ver a esa gente bautizada en el Espíritu, y otra cosa es recibir las noticias desde lejos.

Críticas

¹*Los apóstoles y los hermanos de toda Judea se enteraron de que también los gentiles habían recibido la palabra de Dios. ²Así que cuando Pedro subió a Jerusalén, los defensores de la circuncisión lo criticaron ³diciendo: —Entraste en casa de hombres incircuncisos y comiste con ellos.*

Nada ha cambiado en dos mil años. Siempre hay alguien dispuesto a criticar, y se puede imaginar los rumores:

- "¿Qué le pasó a Pedro? Ya no guarda la ley."

- "¡Estaba en la casa de gentiles y alguien dijo que comió camarones!"
- "Lo perdimos. Satanás lo engañó. Tal vez va a dejar a su esposa y se mudará a Cesarea para vivir la vida buena."

Cuando Pedro vuelve a casa, a Jerusalén, tiene que explicar lo que aprendió. Si no lo aceptan, puede causar una división en la iglesia. Eso ha sucedido muchas veces a lo largo de la historia.

Pedro se defiende

Gracias a Dios, Pedro tiene la oportunidad de defenderse. En los peores casos, una iglesia podría simplemente sacar a un pastor que "ha caído en pecado".

[4] Entonces Pedro comenzó a explicarles paso a paso lo que había sucedido:

Afortunadamente, escucharon a Pedro mientras les explicaba lo que había sucedido. No habla fuerte, no denuncia el prejuicio de los defensores de la circuncisión ni su falta de educación; comparte pacientemente toda la historia con ellos:

[5] —Yo estaba orando en la ciudad de Jope y tuve en éxtasis una visión. Vi que del cielo descendía algo parecido a una gran sábana que, suspendida por las cuatro puntas, bajaba hasta donde yo estaba. [6] Me fijé en lo que había en ella, y vi cuadrúpedos, fieras, reptiles y aves. [7] Luego oí una voz que me decía: "Levántate, Pedro; mata y come". [8] Repliqué: "¡De ninguna manera, Señor! Jamás ha entrado en mi boca nada impuro o inmundo". [9] Por segunda vez insistió la voz del cielo: "Lo que Dios ha purificado, tú no lo llames impuro". [10] Esto sucedió tres veces, y luego todo volvió a ser llevado al cielo.

[11] »En aquel momento se presentaron en la casa donde yo estaba tres hombres que desde Cesarea habían sido enviados a

verme. ¹²El Espíritu me dijo que fuera con ellos sin dudar. También fueron conmigo estos seis hermanos, y entramos en la casa de aquel hombre. ¹³Él nos contó cómo en su casa se le había aparecido un ángel que le dijo: "Manda a alguien a Jope para hacer venir a Simón, apodado Pedro. ¹⁴Él te traerá un mensaje mediante el cual serán salvos tú y toda tu familia".

Esa última parte no se incluyó en el capítulo anterior. Es una promesa de salvación para toda su familia a través de la palabra que Pedro traería. Es lo que sucedió también con la familia del carcelero en Filipos, y es el deseo del Señor: cuando la cabeza de la casa, el padre y el esposo, recibe a Cristo, toda la familia lo sigue y se salva.

¹⁵»Cuando comencé a hablarles, el Espíritu Santo descendió sobre ellos tal como al principio descendió sobre nosotros. ¹⁶Entonces recordé lo que había dicho el Señor: "Juan bautizó con agua, pero ustedes serán bautizados con el Espíritu Santo". ¹⁷Por tanto, si Dios les ha dado a ellos el mismo don que a nosotros al creer en el Señor Jesucristo, ¿quién soy yo para pretender estorbar a Dios?»

Pedro no presenta un caso bíblico para la inclusión de los gentiles ni resuelve la cuestión de cuáles alimentos son permitidos para creyentes. Es la promesa del bautismo con el Espíritu Santo lo que para él fue la confirmación de la validez de lo que Dios hizo.

¹⁸Al oír esto, se apaciguaron y alabaron a Dios diciendo: —¡Así que también a los gentiles les ha concedido Dios el arrepentimiento para vida!

Claro que el Espíritu estaba trabajando en los corazones de esos creyentes; abandonaron fácilmente sus críticas y alabaron a Dios.

Es un paso gigante: la iglesia no solo sería una secta dentro del judaísmo, sino otra religión que acoge a todos.

Estado de la iglesia

Este es el cierre de esa porción que empezó con el problema de las viudas de habla griega y su resolución con la selección de los diáconos, la muerte de Esteban y el paso radical hacia la inclusión de los gentiles en la iglesia. Incluye a Felipe en Samaria y evangelizando al eunuco etíope, la conversión de Saulo y la experiencia de Pedro con Cornelio. Ahora, característicamente para Lucas, nos da un retrato de la iglesia en este punto.

[19] Los que se habían dispersado a causa de la persecución que se desató por el caso de Esteban llegaron hasta Fenicia, Chipre y Antioquía, sin anunciar a nadie el mensaje excepto a los judíos. [20] Sin embargo, había entre ellos algunas personas de Chipre y de Cirene que, al llegar a Antioquía, comenzaron a hablarles también a los de habla griega, anunciándoles las buenas nuevas acerca del Señor Jesús. [21] El poder del Señor estaba con ellos, y un gran número creyó y se convirtió al Señor.

Otras ciudades también recibieron el evangelio, y un gran número creyó. Pero estos hermanos no estaban listos para evangelizar a los gentiles; anunciaron el mensaje solo a los judíos. Fue en Antioquía donde se abrió una puerta para incluir también a los de habla griega. Era una ciudad hermosa de unos medio millón de habitantes, incluidos chinos, indios y persas. Fue la capital de la provincia romana de Siria y una ciudad muy cosmopolita. Fue gente de Chipre y Cirene quien llevó el evangelio a los de habla griega en Antioquía. Continuaron, como siempre, evangelizando al pueblo de habla aramea, pero también a los judíos y griegos de habla griega. Aunque Jerusalén era la iglesia madre, ya estaban perdiendo un poco de su influencia, con sus lazos con el templo y la religión judía.

22 La noticia de estos sucesos llegó a oídos de la iglesia de Jerusalén, y mandaron a Bernabé a Antioquía. 23 Cuando él llegó y vio las evidencias de la gracia de Dios, se alegró y animó a todos a hacerse el firme propósito de permanecer fieles al Señor, 24 pues era un hombre bueno, lleno del Espíritu Santo y de fe. Un gran número de personas aceptó al Señor.

Bernabé también era de Chipre, aunque moraba en Jerusalén. Tal como enviaron a Pedro y a Juan para confirmar que todo se hizo bien en Samaria, Bernabé fue una elección lógica para ir a Antioquía y poner todo en orden. Él ya estaba funcionando como apóstol. Hemos visto el gran corazón de este varón en la donación de su terreno y su apoyo a Saulo. Aquí Lucas afirma eso, diciendo que era un hombre bueno, lleno del Espíritu Santo y de fe. Él vio mucha evidencia de la gracia de Dios en Antioquía y animó a los hermanos. Parece que se quedó allí un rato y evangelizó más, con una buena cosecha.

25 Después partió Bernabé para Tarso en busca de Saulo, 26 y, cuando lo encontró, lo llevó a Antioquía. Durante todo un año se reunieron los dos con la iglesia y enseñaron a mucha gente. Fue en Antioquía donde a los discípulos se les llamó «cristianos» por primera vez.

Qué buen ejemplo de buscar un hermano menor en la fe y llevarlo a trabajar juntos. Fue una verdadera obra apostólica, enseñando a *"mucha gente"* durante un año. De ese ministerio surgió el nombre "cristiano" para los creyentes, porque Cristo era claramente el centro de su fe.

27 Por aquel tiempo unos profetas bajaron de Jerusalén a Antioquía. 28 Uno de ellos, llamado Ágabo, se puso de pie y predijo por medio del Espíritu que iba a haber una gran hambre en todo el mundo, lo cual sucedió durante el reinado de Claudio. 29 Entonces decidieron que cada uno de los discípulos, según los recursos de cada cual, enviaría ayuda a los hermanos que vivían en Judea. 30 Así lo hicieron, mandando su ofrenda a los ancianos por medio de Bernabé y de Saulo.

Otra parte del intercambio entre las iglesias era el ministerio de profetas. No tenemos los nombres de la mayoría de ellos y no sabemos mucho sobre su ministerio, pero ellos también hicieron visitas a las iglesias en distintas partes del mundo. Cuando Ágabo profetizó una gran hambruna, los discípulos tomaron la decisión de enviar ayuda a los hermanos en Judea, una provincia más pobre. Fue la primera de muchas ofrendas que Saulo, esta vez con Bernabé, recogió para ayudar a otras iglesias. Fue la segunda visita de Pablo a Jerusalén, tal vez la que él describe en Gálatas 2:1-10. No fueron obligados a dar, fue una decisión de los discípulos, y fue según lo que cada uno podía dar. Algunos creen que Lucas estaba entre los conversos en Antioquia; allí empezó su gran amistad con Pablo.

En estos capítulos, hemos observado una gran expansión del ministerio de la iglesia y un crecimiento continuo. Ahora tiene diáconos, apóstoles y profetas que visitan a los discípulos cada vez más lejos de Jerusalén. Pero, como siempre, hay oposición del enemigo.

14

Un apóstol muerto, otro liberado

Hechos 12:1-24

Un giro muy radical ha sucedido en "El Camino". Lejos de la "Tierra Prometida" o la "Tierra Santa", en Antioquía, los peregrinos se llaman "cristianos" por primera vez, un nombre que perdura hasta nuestros días. En unos treinta años, en el 70 d.C., el templo y Jerusalén serán destruidos. Aunque Jerusalén todavía perdura como la iglesia madre, una expansión imparable ya ha empezado entre los gentiles. La segunda mitad de Hechos habla del ministerio de Pablo hasta que llegó a la capital del imperio; en unos pocos años esa iglesia sería la más importante del mundo. Roma, la sede de la Iglesia Católica (la más numerosa del mundo), no ha perdido ese estatus. Ninguna otra ciudad tiene tanta influencia.

Pero mientras tanto, hay algunas cosas importantes que suceden en Jerusalén. Desde Pentecostés, hubo persecución a manos de los líderes religiosos judíos, pero pocos problemas con las autoridades políticas. Cuando ocurre, unos diez años después de la crucifixión de Jesús, esta persecución no tiene nada que ver con la religión, sino con el mantenimiento del poder del rey.

El primer mártir de los doce apóstoles

¹En ese tiempo el rey Herodes hizo arrestar a algunos de la iglesia con el fin de maltratarlos. ²A Jacobo, hermano de Juan, lo mandó matar a espada.

Este Herodes Agripa era el nieto de Herodes el Grande. Fue su tío, Herodes Antipas, quien conoció a Jesús. El apoyo del establecimiento religioso (los Saduceos y los sacerdotes) fue muy importante para él; así que arrestó a algunos creyentes y mató a Jacobo. Para algo tan importante, Lucas dice casi nada. Parece que cogió a la iglesia desprevenida. Cuando despertaron, Jacobo ya estaba muerto.

Jacobo, el hermano de Juan, era uno de los tres discípulos más cercanos a Jesucristo, pero no hemos escuchado nada sobre él aparte de nombrarlo entre los que estaban en el aposento alto (Hechos 1:13). Otro Jacobo (o Santiago), el hermano carnal de Jesús, era la cabeza de la iglesia en Jerusalén. Esta es la primera muerte (a excepción de Judas Iscariote) de uno de los doce apóstoles, y aunque no dice nada más, debe ser un duro golpe para su hermano Juan, para Pedro y para toda la iglesia.

³Al ver que esto agradaba a los judíos, procedió a prender también a Pedro. Esto sucedió durante la fiesta de los Panes sin levadura.

Pedro tuvo la bendición de ser arrestado durante la Pascua (la misma época del año en que arrestaron a Jesús), y así por un rato escapó de la espada que mató a Jacobo.

⁴Después de arrestarlo, lo metió en la cárcel y lo puso bajo la vigilancia de cuatro grupos de cuatro soldados cada uno. Tenía la intención de hacerlo comparecer en juicio público después de la Pascua.

Esta es una custodia máxima; Herodes no quería ninguna posibilidad de escapar, y Dios lo permite para que se glorifique más y demuestre que no hay nada difícil para Él.

El poder de la oración

⁵ Pero, mientras mantenían a Pedro en la cárcel, la iglesia oraba constante y fervientemente a Dios por él.

Hemos visto la importancia del "pero", y este "pero" es muy importante. El rey puede hacer lo que quiera, pero no es rival para el poder de Dios. ¿Era posible que la iglesia fuera un poco floja en su oración? Cuando arrestaron a Jacobo y a los otros, ¿podría ser que no estaban orando fervientemente? ¿Es posible que la muerte de Jacobo despertara a la iglesia ante la importancia de la oración? La iglesia puede ser complaciente y no orar mucho. Se puede decir que Dios aún tenía planes y tareas para Pedro y no permitió que Herodes lo matara. Pero Dios honra y responde las oraciones de su pueblo, y por alguna razón Lucas dice que oraban "constante y fervientemente".

Dios ya liberó a Pedro (y a Juan) una vez (Hechos 5:19); tienen la fe de que Dios puede hacerlo nuevamente.

¿Qué necesitas para motivarte a orar constantemente y fervientemente? Lamentablemente, a menudo es una enfermedad grave, el adulterio en el matrimonio o un hijo descarriado. Esperamos la crisis para orar.

⁶ La misma noche en que Herodes estaba a punto de sacar a Pedro para someterlo a juicio, este dormía entre dos soldados, sujeto con dos cadenas. Unos guardias vigilaban la entrada de la cárcel.

Pedro pasó varios días encarcelado. Dios pudo haberlo liberado la primera noche, pero quiso edificar la fe de Pedro y de los creyentes, darle a la iglesia la oportunidad de orar y posiblemente dar a Pedro la oportunidad de testificar a los soldados. No fue hasta que Herodes estuvo a punto de sacarlo para su juicio que Dios actuó.

No dice nada sobre la actitud o la fe de Pedro durante esos días. Seguramente sabía que podría experimentar el mismo fin que Jacobo o Jesucristo. Lucas quiere enfatizar la seguridad máxima para este hombre peligroso. Solo sabemos que esa noche estuvo dormido. No estaba orando, pero no estaba tan ansioso como para no poder dormir. Hay momentos en que incluso la persona más ungida no puede orar. Gracias a Dios somos parte de un cuerpo, y otros pueden orar cuando tú no puedes. No dudes en compartir tu necesidad para que otros puedan orar y ser responsables con otros en sus cadenas, de las que pueden beneficiarse tus oraciones.

La liberación milagrosa de Pedro

⁷ De repente apareció un ángel del Señor y una luz resplandeció en la celda. Despertó a Pedro con unas palmadas en el costado y le dijo: «¡Date prisa, levántate!» Las cadenas cayeron de las manos de Pedro. ⁸ Le dijo además el ángel: «Vístete y cálzate las sandalias». Así lo hizo, y el ángel añadió: «Échate la capa encima y sígueme».

El ángel apareció y la luz resplandeció, pero los soldados no se daban cuenta de nada. Dios lo escondió de ellos (lástima, porque pagaron con sus vidas por su lapso inocente). Es una intervención soberana de Dios. Pedro todavía tiene sueño y no entiende lo que está sucediendo, pero obedece al ángel.

⁹ Pedro salió tras él, pero no sabía si realmente estaba sucediendo lo que el ángel hacía. Le parecía que se trataba de una visión. ¹⁰ Pasaron por la primera y la segunda guardia, y llegaron al portón de hierro que daba a la ciudad. El portón se les abrió por sí solo, y salieron. Caminaron unas cuadras, y de repente el ángel lo dejó solo.

Es como un sueño para Pedro; no cree que sea realidad. Dios cegó a las guardias y les abrió el portón para ellos. ¡Maravilloso es el poder de Dios!

Pedro busca a los creyentes

¹¹ Entonces Pedro volvió en sí y se dijo: «Ahora estoy completamente seguro de que el Señor ha enviado a su ángel para librarme del poder de Herodes y de todo lo que el pueblo judío esperaba».

Ahora está despierto y se da cuenta de que está libre. ¿Y a dónde va?

¹² Cuando cayó en cuenta de esto, fue a casa de María, la madre de Juan, apodado Marcos, donde muchas personas estaban reunidas orando.

Muchas veces la iglesia primitiva se congregaba en casas. Es tarde en la noche, pero la casa está llena de gente orando. Juan Marcos era un compañero de Pedro (se le llama su "hijo", 1 Pedro 5:13), posiblemente estaba en el jardín la noche del arresto de Jesús y huyó desnudo (Marcos 14:51), era primo de Bernabé, viajaba con Pablo y escribió el evangelio de Marcos (con el aporte de Pedro). Claro que esta era una familia vital en la iglesia de Jerusalén. No se menciona al padre de familia. Lamentablemente, esto sucede con frecuencia en la iglesia hoy: el hombre no está presente en la casa o no va a la iglesia.

En ese mismo momento en que Dios liberó a Pedro, estaban allí orando.

13 Llamó a la puerta de la calle y salió a responder una criada llamada Rode. 14 Al reconocer la voz de Pedro, se puso tan contenta que volvió corriendo sin abrir.

Pedro espera a la policía en cualquier momento y está ansioso por salir de la calle, pero Rode no le abre la puerta, aunque lo reconoce.

—¡Pedro está a la puerta! —exclamó.

15 —¡Estás loca! —le dijeron. Ella insistía en que así era, pero los otros decían:

—Debe de ser su ángel.

¿Cómo es que oramos sin esperar una respuesta a nuestras oraciones? Pasaron varios días orando constantemente y fervientemente, y cuando la respuesta a sus peticiones aparece en la puerta, ¡dicen que la persona que trae la noticia está loca!

16 Entre tanto, Pedro seguía llamando. Cuando abrieron la puerta y lo vieron, quedaron pasmados. 17 Con la mano Pedro les hizo señas de que se callaran, y les contó cómo el Señor lo había sacado de la cárcel.

—Cuéntenles esto a Jacobo y a los hermanos —les dijo. Luego salió y se fue a otro lugar.

Tal como los discípulos cuando Jesús se les apareció después de su resurrección, quedaron pasmados. Hay un detalle interesante aquí: Pedro quiere que les cuente a Jacobo (obviamente no el hermano de Juan, sino el hermano de Jesús) y a los hermanos. Ninguno de los apóstoles estaba allí. De hecho, posiblemente solo fueron las mujeres, y así es como pasa muchas veces en la iglesia: son las mujeres que oran mucho y luchan en el Espíritu por los ministros de la iglesia.

El fin de Herodes

¹⁸ Al amanecer se produjo un gran alboroto entre los soldados respecto al paradero de Pedro. ¹⁹ Herodes hizo averiguaciones, pero, al no encontrarlo, les tomó declaración a los guardias y mandó matarlos. Después viajó de Judea a Cesarea y se quedó allí.

Nunca encontraron a Pedro después de su fuga milagrosa, pero parece que no lo persiguieron fuertemente. Tal vez Herodes no quería que el pueblo en general supiera del fracaso en la cárcel. Por alguna razón, el rey dejó de perseguir a la iglesia (¿Dios respondiendo a sus oraciones?) y fue a Cesarea. Posiblemente tuvo la oportunidad de escuchar el testimonio de Cornelio.

²⁰ Herodes estaba furioso con los de Tiro y de Sidón, pero ellos se pusieron de acuerdo y se presentaron ante él. Habiéndose ganado el favor de Blasto, camarero del rey, pidieron paz, porque su región dependía del país del rey para obtener sus provisiones.

²¹ El día señalado, Herodes, ataviado con su ropaje real y sentado en su trono, le dirigió un discurso al pueblo. ²² La gente gritaba: «¡Voz de un dios, no de hombre!» ²³ Al instante un ángel del Señor lo hirió, porque no le había dado la gloria a Dios; y Herodes murió comido de gusanos.

Esto se presenta claramente como un castigo de Dios. La persona que persigue el cuerpo de Jesús va a pagar. Herodes era un hombre orgulloso, y dice que el Señor lo hirió porque no dio la gloria a Dios.

Estado de la iglesia

²⁴ Pero la palabra de Dios seguía extendiéndose y difundiéndose.

Aquí está el mismo patrón de Hechos: un suceso y luego un retrato (muy pequeño aquí) de la iglesia. En este caso, de nuevo empezó con la persecución, una prueba. Jacobo pagó con su vida y Pedro se salvó por un milagro de Dios. No detuvo el crecimiento de la iglesia ni su expansión a otras regiones del imperio. Empezamos el capítulo con Jacobo muerto, Pedro encarcelado y Herodes triunfante; lo terminamos con Herodes muerto, Pedro libre y la Palabra de Dios triunfante.

15

Pablo y Bernabé enviados en su primer viaje misionero

Hechos 12, 13 y 14

12:25 *Cuando Bernabé y Saulo cumplieron su servicio, regresaron de Jerusalén llevando con ellos a Juan, llamado también Marcos.*

La última vez que vimos a Bernabé y Saulo (Hechos 11:30), traían una ofrenda de Antioquía a la iglesia en Jerusalén. Posiblemente estaban allí por la muerte de Jacobo y el encarcelamiento de Pedro; la cronología no está muy clara en ese punto.

Se menciona a Juan Marcos (12:12) como el hijo de la dueña de la casa donde la gente estaba orando por Pedro. Bernabé tiene buen ojo para los siervos potenciales del Señor; se acerca a ellos y los envía en un ministerio. Trajo a Saulo a Jerusalén y luego lo buscó en Tarso. Ahora, lleva a Juan Marcos a Antioquía con ellos. ¡Qué hermoso ministerio! Presentar a creyentes al campo misionero u otra cultura y ser un mentor para ellos. Con razón le pusieron el nombre de Bernabé, que significa "Hijo de consolación" o "Hijo de ánimo" (Hechos 4:36). ¿Puedes ser tú un Bernabé para alguien?

El llamado y la ordenación de Bernabé y Saulo

¹En la iglesia de Antioquía eran profetas y maestros Bernabé; Simeón, apodado el Negro; Lucio de Cirene; Manaén, que se había criado con Herodes el tetrarca; y Saulo. ²Mientras ayunaban y participaban en el culto al Señor, el Espíritu Santo dijo: «Apártenme ahora a Bernabé y a Saulo para el trabajo al que los he llamado».

Este es el primer llamado misionero claro. Estos líderes reflejan la naturaleza cosmopolita de Antioquía y su diversidad, tal como el liderazgo de una iglesia de hoy debe reflejar su diversidad:

- Bernabé, Levita de Chipre.
- Simeón, "el Negro", un nombre judío pero probablemente de África.
- Lucio de Cirene, en el norte de África.
- Manaén, de una clase alta, criado con Herodes.
- Saulo, Fariseo de Tarso.

La iglesia también estaba bien ordenada, con estos hombres reconocidos como profetas y maestros, dos de los cinco oficios que Pablo nombra en Efesios 4:11. Es posible que una persona ocupe dos de esos oficios (o más; Pablo era un apóstol).

El llamado ocurrió en el contexto de la iglesia, en un culto, con los dones funcionando conforme al plan de Dios. Además, estaban en ayuno, buscando al Señor y en su presencia. Claro que alguien puede recibir un llamado de Dios solo (como Moisés y la zarza ardiente), pero hay un orden en el reino de Dios que era muy obvio con el sacerdocio del Antiguo Testamento y que aún hoy es muy importante. Dios opera dentro de la autoridad de la iglesia.

El Espíritu llamó a dos hombres. Aunque hay casos en que alguien va solo, Jesús envió a los discípulos de dos en dos, y creo que ese es el patrón bíblico. Saulo ya sabía que su trabajo sería con los gentiles, y el Espíritu guió a Bernabé a buscarlo.

3 Así que después de ayunar, orar e imponerles las manos, los despidieron.

Tan importante como el llamado es la ordenación de una iglesia. Es peligroso (espiritual y físicamente) que alguien salga al campo misionero sin esa cobertura. La iglesia en Antioquía obedeció al Espíritu sin dudarlo, pero pasaron un tiempo en ayuno, preparándose para orar, imponerles las manos y despedirlos.

Enviados por el Espíritu Santo

4 Bernabé y Saulo, enviados por el Espíritu Santo, bajaron a Seleucia, y de allí navegaron a Chipre.

Si eres enviado por el Espíritu Santo, tienes la certeza de que Él guiará, ungirá y preparará el camino. Todo fue la obra del Espíritu, a través de la iglesia. Si tú sales a algún ministerio, es importante ser enviado por el Espíritu.

Primero bajaron a Seleucia, en la puerta de Antioquía, unos 24 km (15 millas) de la ciudad. No es de extrañar que comiencen en Chipre, la tierra natal de Bernabé; él ya tendría cierto conocimiento de la isla y su cultura.

5 Al llegar a Salamina, predicaron la palabra de Dios en las sinagogas de los judíos. Tenían también a Juan como ayudante.

Aquí nos enteramos de que Juan Marcos los acompañó como ayudante y estudiante para aprender de ellos. Aunque el llamado de Pablo fue a los gentiles, él siempre empezó en las sinagogas de los judíos.

Pablo se enfrenta a un falso profeta

⁶ Recorrieron toda la isla hasta Pafos. Allí se encontraron con un hechicero, un falso profeta judío llamado Barjesús, ⁷ que estaba con el gobernador Sergio Paulo. El gobernador, hombre inteligente, mandó llamar a Bernabé y a Saulo, en un esfuerzo por escuchar la palabra de Dios. ⁸ Pero Elimas el hechicero (que es lo que significa su nombre) se les oponía y procuraba apartar de la fe al gobernador.

Uno supondría que estaban predicando a la gente durante el viaje desde la costa este a la costa oeste de Chipre (unos 144 km o 90 millas). Hasta ahora, todo parece tranquilo; aparentemente, no experimentaron mucha oposición de los judíos mientras recorrían toda la isla. No hay mención de señales y prodigios; simplemente predicaron la palabra. El gobernador, en Pafos, la capital de la provincia, tenía hambre de algo espiritual. Era común que los gobernadores tuvieran un hechicero o un mago para dar consejos, y él estaba recibiendo palabras de un falso profeta. Sergio Paulo había oído hablar de Bernabé y Saulo, y los llamaron a escuchar la palabra, la cual recibieron con fe. Pero Elimas, el hechicero, no quería perder su posición e influencia, y se oponía a ellos.

Notamos varias cosas sobre este Elimas:

- Era judío, pero no guardaba la ley.
- Era un hechicero, pero también un falso profeta. ¿Puede ser que muchos falsos profetas operen con un espíritu de brujería? Podrían recibir mensajes, pero son del maligno.
- Su nombre "Barjesús" significa "hijo de salvación" (probablemente no tuvo nada que ver con Jesucristo).
- Incluso hombres inteligentes, como Sergio Paulo, pueden ser engañados por falsos profetas.

- Un falso profeta o hechicero intenta apartar al creyente de su fe.

¿Cómo van a responder Bernabé y Saulo?

⁹ Entonces Saulo, o sea Pablo, lleno del Espíritu Santo, clavó los ojos en Elimas y le dijo: ¹⁰ «¡Hijo del diablo y enemigo de toda justicia, lleno de todo tipo de engaño y de fraude! ¿Nunca dejarás de torcer los caminos rectos del Señor? ¹¹ Ahora la mano del Señor está contra ti; vas a quedarte ciego y por algún tiempo no podrás ver la luz del sol».

Por primera vez, Lucas llama a Saulo "Pablo" (y nunca más lo vuelve a llamar Saulo), y él se levanta con una unción especial del Espíritu Santo. Al igual que Pedro y Juan, que fijaron sus ojos en el cojo en la Puerta Hermosa (Hechos 3), Pablo clavó los ojos en Elimas y dice las cosas tal como son, inspirado por el Espíritu:

- Es un hijo del diablo. No solo está equivocado, está endemoniado, un siervo de Satanás.
- Es enemigo de toda justicia; pueden ser lobos vestidos como ovejas, pero son enemigos de la justicia.
- Está lleno de todo tipo de engaños y fraudes.
- Tuerca los caminos rectos del Señor; puede proclamar cosas supuestamente de Dios o de la Biblia, pero las tuerce.
- Alguien tiene que revelar lo que es, y Pablo proclama que la mano del Señor ahora está en su contra. Hay gente malvada que perjudica la obra del Señor, pero aparentemente Dios está esperando que alguien como Pablo (¿o tú?) proclame un juicio contra ellos.
- La confirmación será una señal: ceguera. Pablo está muy familiarizado con eso; fue su experiencia en el camino a Damasco.

Pablo no le ofrece la oportunidad de arrepentirse; tiene que caer bajo el juicio de Dios.

Al instante cayeron sobre él sombra y oscuridad, y comenzó a buscar a tientas a alguien que lo llevara de la mano. ¹² Al ver lo sucedido, el gobernador creyó, maravillado de la enseñanza acerca del Señor.

Con mucha fe y la unción del Espíritu, Pablo proclamó la ceguera, y así sucedió. No sabemos nada más sobre lo que le sucedió a Elimas, pero fue suficiente para convencer al gobernador. Como vemos tantas veces, la manifestación del poder de Dios confirma la palabra y resulta en que la persona crea y se maraville del Señor.

No dice nada acerca de cuánto tiempo permanecieron allí o si intentaron formar una iglesia. Siguen adelante en su viaje.

Juan Marcos se separa de ellos en Panfilia

¹³ Pablo y sus compañeros se hicieron a la mar desde Pafos, y llegaron a Perge de Panfilia. Juan se separó de ellos y regresó a Jerusalén; ¹⁴ ellos, por su parte, siguieron su viaje desde Perge hasta Antioquía de Pisidia. El sábado entraron en la sinagoga y se sentaron. ¹⁵ Al terminar la lectura de la ley y los profetas, los jefes de la sinagoga mandaron a decirles: «Hermanos, si tienen algún mensaje de aliento para el pueblo, hablen».

Se produjo un cambio importante en Chipre: Pablo obviamente asume la posición de liderazgo y Bernabé sirve, como su nombre lo sugiere, para apoyarlo. Posiblemente, eso no le cayó bien a Juan Marcos, y se separó en la primera oportunidad para volver a casa en Jerusalén. Algunas veces, nuestros intentos de iniciar a alguien en el ministerio son prematuros o no están guiados por el Señor. Tristemente, el problema con Juan Marcos sirvió para separar a Pablo y Bernabé más adelante (Hechos 15:36-41), aunque posteriormente Juan Marcos viajó con Pablo. Posiblemente, en el plan de Dios, Juan Marcos pasó este tiempo con Pedro en Jerusalén y escribió el Evangelio de Marcos.

Fue un viaje de unos 160 km (100 millas) desde la costa de Asia (hoy Turquía) a Antioquía de Pisidia. Conforme a la costumbre de los judíos, los visitantes tienen la oportunidad de compartir una palabra.

[16] Pablo se puso en pie, hizo una señal con la mano y dijo: «Escúchenme, israelitas, y ustedes, los gentiles temerosos de Dios:

Este es el primer sermón registrado de Pablo (versículos 17-41) y sigue un patrón similar al de la predicación de Pedro.

- La historia de Israel, con énfasis en la iniciativa de la gracia de Dios. Señala a David: *"hombre conforme a mi corazón; él realizará todo lo que yo quiero"*.
- El ministerio de Juan el Bautista.
- La muerte y resurrección de Jesucristo, cumpliendo las profecías del Antiguo Testamento.
- Jesús ofrece el perdón del pecado si no endurecen sus corazones.

Es totalmente cristocéntrico y basado en la Biblia. Termina su sermón con esta cita de 2 Samuel 7:13-14:

»"¡Miren, burlones!
¡Asómbrense y desaparezcan!
Estoy por hacer en estos días una obra
que ustedes nunca creerán,
aunque alguien se la explique"».

42 Al salir ellos de la sinagoga, los invitaron a que el siguiente sábado les hablaran más de estas cosas. 43 Cuando se disolvió la asamblea, muchos judíos y prosélitos fieles acompañaron a Pablo y a Bernabé, los cuales en su conversación con ellos les instaron a perseverar en la gracia de Dios.

Reciben la palabra y hay una puerta abierta para el sábado siguiente; mientras tanto, Pablo y Bernabé siguen hablando con ellos entre semana, animándolos a perseverar en la gracia de Dios.

44 El siguiente sábado casi toda la ciudad se congregó para oír la palabra del Señor. 45 Pero, cuando los judíos vieron a las multitudes, se llenaron de celos y contradecían con maldiciones lo que Pablo decía.

La noticia se difundió, ¡y casi toda la ciudad quiere oír la palabra! De repente, los corazones abiertos de los judíos se cierran y maldicen a Pablo, contradiciéndolo. ¡Los celos son poderosos!

46 Pablo y Bernabé les contestaron valientemente: «Era necesario que les anunciáramos la palabra de Dios primero a ustedes. Como la rechazan y no se consideran dignos de la vida eterna, ahora vamos a dirigirnos a los gentiles. 47 Así nos lo ha mandado el Señor:

» "Te he puesto por luz para las naciones,
a fin de que lleves mi salvación hasta los confines de la tierra"».

48 Al oír esto, los gentiles se alegraron y celebraron la palabra del Señor; y creyeron todos los que estaban destinados a la vida eterna.

Como sucedió tan a menudo, los judíos tuvieron la primera oportunidad de creer, pero rechazaron la palabra, y ahora Pablo y Bernabé se dirigieron a los gentiles, quienes recibieron la palabra de salvación con mucha alegría.

Aquí hay un indicio de algo que ha causado mucha controversia en la iglesia: habla de algunos que *"estaban destinados a la vida eterna."* Obviamente, no eran todos, pero Dios preparó sus corazones para recibir la palabra y creer en Jesús. No es el propósito de este libro resolver esta controversia; simplemente, tenemos que reconocer que la idea de algunos destinados a la salvación existe en la Palabra, y podemos confiar en la obra del Espíritu para abrir sus corazones.

⁴⁹ La palabra del Señor se difundía por toda la región. ⁵⁰ Pero los judíos incitaron a mujeres muy distinguidas y favorables al judaísmo, y a los hombres más prominentes de la ciudad, y provocaron una persecución contra Pablo y Bernabé. Por tanto, los expulsaron de la región. ⁵¹ Ellos, por su parte, se sacudieron el polvo de los pies en señal de protesta contra la ciudad, y se fueron a Iconio. ⁵² Y los discípulos quedaron llenos de alegría y del Espíritu Santo.

Lucas termina esta porción con un resumen del estado de la iglesia allí. Pablo y Bernabé tenían mucho éxito, predicando en toda la región y dejando a los discípulos llenos de alegría y del Espíritu. Los que no estaban *"destinados a la vida eterna"* estaban celosos, y tenían conexiones con las personas más influyentes de la ciudad. Otra vez, Pablo y Bernabé sufrieron persecución y fueron expulsados de la región, sacudiéndose el polvo de los pies, conforme a las instrucciones de Jesús (Lucas 9:5 y 10:11).

El viaje continúa en el capítulo 14

Hay mucho de interés en estos viajes de Pablo, pero para el propósito de este libro, no vamos a estudiarlos todos.

Su experiencia en Iconio (14:1-7) era familiar: Empezaron con los judíos, quienes los rechazaron, pero *"una multitud"* de judíos y griegos creyó. Aquí nos enteramos de que Bernabé también fue incluido entre los apóstoles. Ministraban allí *"bastante tiempo, hablando valientemente"*, con muchas señales y prodigios. Cuando se dieron cuenta de un complot para apedrearlos, huyeron a Listra y Derbe (¡buena decisión!).

En Listra (14:8-20) la curación de un hombre lisiado de nacimiento abrió un camino para el evangelio, pero el pueblo llamó a Bernabé Zeus y a Pablo Hermes, y quiso ofrecerles sacrificios como a los dioses. En esta ciudad pagana, Pablo no habló del Antiguo Testamento, sino del Dios viviente de la creación. En un cambio drástico, *llegaron de Antioquía y de Iconio unos judíos que hicieron cambiar de parecer a la multitud. Apedrearon a Pablo y lo arrastraron fuera de la ciudad, creyendo que estaba muerto* (14:19).

Derbe y regreso a casa

Seguramente sería difícil para Pablo (quien pensaban que estaba muerto) caminar los 100 km (60 millas) hasta Derbe, pero su tiempo allí era más tranquilo. No sabemos cuánto tiempo estuvieron allí, pero de Derbe volvieron a las ciudades donde habían dejado discípulos, y luego regresaron a casa, después de casi dos años.

[21] Después de anunciar las buenas nuevas en aquella ciudad [Derbe} y de hacer muchos discípulos, Pablo y Bernabé regresaron a Listra, a Iconio y a Antioquía, [22] fortaleciendo a los discípulos y animándolos a perseverar en la fe. «Es necesario pasar por

muchas dificultades para entrar en el reino de Dios», les decían. ²³ En cada iglesia nombraron ancianos y, con oración y ayuno, los encomendaron al Señor, en quien habían creído. ²⁴ Atravesando Pisidia, llegaron a Panfilia, ²⁵ y, cuando terminaron de predicar la palabra en Perge, bajaron a Atalía.

Esta es una parte muy importante del seguimiento. De su propia experiencia, podían hablar sobre las *"muchas dificultades"* por las que pasaron para entrar en el reino. Muy posiblemente, estos nuevos creyentes ya las estaban experimentando también. Los nuevos discípulos necesitan ser fortalecidos y animados a perseverar en la fe. El amor manifestado por Pablo y Bernabé al volver a verlos sería de mucho valor, así como las palabras de aliento y la oración por ellos. Ese toque personal es muy importante en el seguimiento, ya sea en persona o a través de mensajes electrónicos. Jesús nos mandó "hacer discípulos", no "conversos". Nosotros tenemos infinitamente más recursos para compartir con los discípulos y fortalecerlos y animarlos.

No solo animaron a los hermanos, sino que formaron iglesias con ancianos, quienes solo tendrían unos meses en el evangelio. Pero ya sería evidente quién permanecerá y quién tiene el corazón para guiar a la iglesia. Es difícil dejar una iglesia joven, sabiendo que estos ancianos pasarán por muchas dificultades, pero los encomendaron al Señor, con la fe manifestada en su ayuno y oración. Jesucristo los cuidará. La meta de Pablo en su obra misionera no era la fama ni las multitudes de conversos, sino establecer iglesias, cuerpos de Jesucristo, en cada lugar. Él, para siempre, sería su "padre espiritual" y proporcionaría una cobertura espiritual para estas iglesias.

²⁶ De Atalía navegaron a Antioquía, donde se los había encomendado a la gracia de Dios para la obra que ya habían *realizado. *[27] *Cuando llegaron, reunieron a la iglesia e informaron de todo lo que Dios había hecho por medio de ellos, y de cómo había abierto la puerta de la fe a los gentiles. *[28] *Y se quedaron allí mucho tiempo con los discípulos.*

Ellos mismos habían sido "encomendados a la gracia de Dios" meses antes, cuando salieron de su iglesia en Antioquia. Han pasado por *"muchas dificultades"*, pero Dios ha sido fiel, y vuelven con muchos testimonios para compartir con una iglesia hambrienta de noticias sobre ellos. Hoy tenemos conexiones en todo el mundo con WhatsApp, pero en esos momentos podrían pasar meses sin ninguna noticia. Con razón se quedaron allí mucho tiempo, para descansar, ministrar a la iglesia y refrescarse en el Señor.

16

El concilio de Jerusalén

Hechos 15:1-35

*¹Algunos que habían llegado de Judea a Antioquía se pusieron a
enseñar a los hermanos: «A menos que ustedes se circunciden,
conforme a la tradición de Moisés, no pueden ser salvos».*

Con la inclusión de los gentiles y otras culturas, y la expansión
de la iglesia, habrá este tipo de problemas. Hemos notado
que esta iglesia en Antioquía tenía gente de varias provincias y
de habla griega, y no estaban guardando toda la ley de Moisés.
La situación era muy diferente en Jerusalén, donde las
costumbres judías todavía tenían mucha influencia. A través de
los siglos, la iglesia ha enfrentado muchas diferencias teológicas
y de prácticas en la vida diaria. Este capítulo provee un modelo
de cómo resolverlas. La meta es mantener la unidad, y durante
varios siglos, la iglesia tuvo bastante éxito con ello. Hoy hemos
perdido el concepto de la autoridad delegada de Cristo a sus
apóstoles, quienes supervisan todas las iglesias. Si hay
desacuerdo, las iglesias se dividen; forman una nueva
denominación o un nuevo concilio, o se proclaman
"independientes" de toda autoridad eclesiástica. En este caso,
podría haber resultado en una iglesia de los circuncisos y otra de
los no circuncisos.

Este capítulo determinará la dirección del resto de Hechos: ¿Siempre será una secta judía centrada en Jerusalén que reconoce a Jesús como su mesías? ¿O seguirá extendiéndose en el campo gentil hasta la misma capital del imperio, hasta Roma?

² *Esto provocó un altercado y un serio debate de Pablo y Bernabé con ellos.*

Los hermanos de Judea estaban entrando en el territorio de otra iglesia sin respetar la autoridad de su liderazgo. Más tarde Pablo escribiría acerca de alguien que quiere imponer la ley judía: *El que los está perturbando será castigado, sea quien sea* (Gálatas 5:10).

Es posible que Pablo haya escrito la carta a los Gálatas reflexionando sobre esta situación:

Pues bien, cuando Pedro fue a Antioquía, le eché en cara su comportamiento condenable. Antes que llegaran algunos de parte de Jacobo, Pedro solía comer con los gentiles. Pero, cuando aquellos llegaron, comenzó a retraerse y a separarse de los gentiles por temor a los partidarios de la circuncisión. Entonces los demás judíos se unieron a Pedro en su hipocresía, y hasta el mismo Bernabé se dejó arrastrar por esa conducta hipócrita.

Cuando vi que no actuaban rectamente, como corresponde a la integridad del evangelio, le dije a Pedro delante de todos: «Si tú, que eres judío, vives como si no lo fueras, ¿por qué obligas a los gentiles a practicar el judaísmo? Nosotros somos judíos de nacimiento y no "pecadores paganos". Sin embargo, al reconocer que nadie es justificado por las obras que demanda la ley, sino por la fe en Jesucristo, también nosotros hemos puesto nuestra fe en Cristo Jesús, para ser justificados por la fe en él y no por las obras de la ley; porque por estas nadie será justificado (Gálatas 2:11-16).

Pablo y Bernabé estaban de vuelta de su viaje misionero. Eran líderes de la iglesia y habían visto a muchos gentiles recibir el evangelio. Pablo era un hombre terco, pero Dios lo usó en gran manera para preservar la sana doctrina de la justificación por la fe. No iba a ceder en este punto, que es el fundamento mismo del evangelio, y volvió a surgir en la Reforma, cuando muchos creyentes (como Martín Lutero) abandonaron la Iglesia Católica. La cuestión era: ¿Es suficiente la fe en Cristo para la salvación? ¿O es Cristo, más la circuncisión, más la ley o más alguna otra obra? Todas las demás religiones del mundo consideran alguna obra necesaria para alcanzar a Dios. Es una tentación constante para los cristianos de hoy también; tal vez no lo digan explícitamente, pero en su práctica y sus enseñanzas, muchos añaden algo más que creen necesario para ser un buen cristiano.

Entonces se decidió que Pablo y Bernabé, y algunos otros creyentes, subieran a Jerusalén para tratar este asunto con los apóstoles y los ancianos.

Tomaron la decisión de apelar a los apóstoles y ancianos de la iglesia madre en Jerusalén.

3 Enviados por la iglesia, al pasar por Fenicia y Samaria contaron cómo se habían convertido los gentiles. Estas noticias llenaron de alegría a todos los creyentes. 4 Al llegar a Jerusalén, fueron muy bien recibidos tanto por la iglesia como por los apóstoles y los ancianos, a quienes informaron de todo lo que Dios había hecho por medio de ellos.

Otra vez, tal como en su viaje misionero, fueron enviados por la iglesia (probablemente con ayuno y oración). El viaje les ofreció la oportunidad de compartir lo que Dios había hecho entre los gentiles. La oportunidad de compartir durante el viaje y la bienvenida que recibieron en Jerusalén los dejaron muy animados.

⁵ Entonces intervinieron algunos creyentes que pertenecían a la secta de los fariseos y afirmaron: —Es necesario circuncidar a los gentiles y exigirles que obedezcan la ley de Moisés.

No es de sorpresa que hayan sido los fariseos que habían recibido a Cristo quienes sostenían firmemente la importancia de la circuncisión y la obediencia a la ley.

⁶ Los apóstoles y los ancianos se reunieron para examinar este asunto.

Estos son los que tienen la autoridad para determinar cuál sería la doctrina de la iglesia.

⁷ Después de una larga discusión, Pedro tomó la palabra:

—Hermanos, ustedes saben que desde un principio Dios me escogió de entre ustedes para que por mi boca los gentiles oyeran el mensaje del evangelio y creyeran. ⁸ Dios, que conoce el corazón humano, mostró que los aceptaba dándoles el Espíritu Santo, lo mismo que a nosotros. ⁹ Sin hacer distinción alguna entre nosotros y ellos, purificó sus corazones por la fe. ¹⁰ Entonces, ¿por qué tratan ahora de provocar a Dios poniendo sobre el cuello de esos discípulos un yugo que ni nosotros ni nuestros antepasados hemos podido soportar? ¹¹ ¡No puede ser! Más bien, como ellos, creemos que somos salvos por la gracia de nuestro Señor Jesús.

Pedro responsabiliza a Dios por su cambio de opinión. Fue Dios quien escogió a Pedro y quien conoce el corazón humano. No aceptar esa iniciativa es provocar a Dios. Para Pedro, la visión que tuvo en Jopa (Hechos 9) y la conversión milagrosa de Cornelio y su familia fueron confirmaciones, no solo de la inclusión de los gentiles, sino también de un cambio en las leyes del Antiguo Testamento; en ese caso, las leyes de la comida. Sobre esa base, Pedro sugiere varios puntos (¡y hace su última aparición en este libro!):

- Fue Dios quien los aceptó y lo confirmó con el don del Espíritu Santo.
- Dios no hace distinción entre judío y gentil.
- Tenemos el corazón purificado por fe; lo importante es lo que hay dentro, y no algo externo (como la circuncisión).
- Agregar algo que Dios no ha mandado es provocar a Dios.
- El legalismo es un yugo sobre el cuello del creyente.
- Pedro es honesto y reconoce que ni ellos ni sus antepasados podrían soportar los requisitos de la ley.
- La salvación es por la gracia de Jesucristo.

12 Toda la asamblea guardó silencio para escuchar a Bernabé y a Pablo, que les contaron las señales y prodigios que Dios había hecho por medio de ellos entre los gentiles.

Posiblemente Lucas nombra a Bernabé primero porque era mejor conocido en Jerusalén. El caso que ellos presentan no es teológico (lo cual Pablo presentaría en sus cartas, como Efesios 3:2-6, Colosenses 1:26-27 y Romanos 16:25-27), sino un testimonio de señales y prodigios que Dios hizo entre los gentiles, como signo de su aceptación de ellos por parte de Dios.

Para finalizar las presentaciones, Jacobo, el hermano de Jesús y cabeza de la iglesia en Jerusalén, habla.

13 Cuando terminaron, Jacobo tomó la palabra y dijo:

—Hermanos, escúchenme. [14] Simón nos ha expuesto cómo Dios desde el principio tuvo a bien escoger de entre los gentiles un pueblo para honra de su nombre. [15] Con esto concuerdan las palabras de los profetas, tal como está escrito:

[16] »"Después de esto volveré
y reedificaré la choza caída de David.
Reedificaré sus ruinas,
y la restauraré,
[17] para que busque al Señor el resto de la humanidad,
todas las naciones que llevan mi nombre.
[18] Así dice el Señor, que hace estas cosas"
conocidas desde tiempos antiguos.

[19] »Por lo tanto, yo considero (RVR: juzgo) que debemos dejar de ponerles trabas a los gentiles que se convierten a Dios. [20] Más bien debemos escribirles que se abstengan de lo contaminado por los ídolos, de la inmoralidad sexual, de la carne de animales estrangulados y de sangre. [21] En efecto, desde tiempos antiguos Moisés siempre ha tenido en cada ciudad quien lo predique y lo lea en las sinagogas todos los sábados».

Jacobo honra la visión y el testimonio de Pedro, afirmando que era el propósito de Dios desde el principio incluir a los gentiles. Él cita la profecía (Amós 9:11-12) para apoyarlo y, luego, con la autoridad que posee, declara lo que él cree que debería ser la conclusión del asunto:

- No suelta a judíos de obedecer a la ley (eso vendría después), pero dice que un converso gentil no tiene que someterse a ella.
- No ponerles trabas, imponer cargas innecesarias o ponerles obstáculos a los conversos gentiles. Es un buen consejo para nosotros en nuestra evangelización hoy.

- Deben abstenerse de tres cosas:
  - Lo que está contaminado por los ídolos.
  - La inmoralidad sexual.
  - La carne de animales estrangulados y de sangre.

22 Entonces los apóstoles y los ancianos, de común acuerdo con toda la iglesia, decidieron escoger a algunos de ellos y enviarlos a Antioquía con Pablo y Bernabé. Escogieron a Judas, llamado Barsabás, y a Silas, que tenían buena reputación entre los hermanos.

La decisión no es solo de los apóstoles y los ancianos, sino de toda la iglesia. No sería suficiente enviar una carta con Pablo y Bernabé, sino que quieren enviar a dos hermanos con ellos. Aquí Lucas presenta a Silas, quien sería muy importante en los ministerios de Pablo y Pedro.

23 Con ellos mandaron la siguiente carta:

Los apóstoles y los ancianos, a nuestros hermanos gentiles en Antioquía, Siria y Cilicia:

Saludos. 24 Nos hemos enterado de que algunos de los nuestros, sin nuestra autorización, los han inquietado a ustedes, alarmándoles con lo que les han dicho. 25 Así que de común acuerdo hemos decidido escoger a algunos hombres y enviarlos a ustedes con nuestros queridos hermanos Pablo y Bernabé, 26 quienes han arriesgado su vida por el nombre de nuestro Señor Jesucristo. 27 Por tanto, les enviamos a Judas y a Silas para que les confirmen personalmente lo que les escribimos. 28 Nos pareció bien al Espíritu Santo y a nosotros no imponerles a ustedes ninguna carga aparte de los siguientes requisitos: 29 abstenerse de lo sacrificado a los ídolos, de sangre, de la carne de animales estrangulados y de la inmoralidad sexual. Bien harán ustedes si evitan estas cosas.

Con nuestros mejores deseos.

La carta está dirigida a los hermanos gentiles en tres regiones (no es necesariamente una carta universal de doctrina eclesiástica). Llamarlos "hermanos" en el saludo fue una señal importante de su aceptación. Viene de los apóstoles y ancianos en Jerusalén. Hay varias cosas de interés en la carta.

- Reconocen que los hombres que fueron a Antioquía eran de la iglesia en Jerusalén, pero no tenían su autorización. Algún miembro de la iglesia no tiene derecho a salir y predicar lo que quiera en otro lugar. Tiene que ir con la autorización del liderazgo de la iglesia.
- No quieren inquietar o alarmar a los hermanos; debemos tener cuidado con aquellos que lo harían.
- Honran a los líderes de la iglesia en Antioquía (Pablo y Bernabé), llamándolos *"queridos hermanos"*, quienes *"han arriesgado su vida por el nombre de nuestro Señor Jesucristo"*.
- Después de discutir el asunto, creen que es la voluntad del Espíritu, y ellos están de acuerdo con las tres normas. No quieren imponerles muchas cargas.

[30] Una vez despedidos, ellos bajaron a Antioquía, donde reunieron a la congregación y entregaron la carta. [31] Los creyentes la leyeron y se alegraron por su mensaje alentador. [32] Judas y Silas, que también eran profetas, hablaron extensamente para animarlos y fortalecerlos. [33] Después de pasar algún tiempo allí, los hermanos los despidieron en paz, para que regresaran a quienes los habían enviado, [34] pero Silas decidió quedarse. [35] Pablo y Bernabé permanecieron en Antioquía,

enseñando y anunciando la palabra del Señor en compañía de muchos otros.

Ahora nos enteramos de que los dos hermanos enviados de Jerusalén, Judas y Silas, eran profetas. No solo entregaron la carta, sino que hablaron *"extensamente"* para animarlos y fortalecernos. La porción concluye con el "estado de la iglesia" que hemos visto con frecuencia en Hechos. Un problema se ha presentado, la iglesia lo enfrentó, y ahora nuevamente hay paz y bendición en la iglesia.

17

Pablo empieza su segundo viaje con un nuevo compañero

Hechos 15:36-16:5

³⁶ Algún tiempo después, Pablo le dijo a Bernabé: «Volvamos a visitar a los creyentes en todas las ciudades en donde hemos anunciado la palabra del Señor, y veamos cómo están».

Después de un descanso (14:35), a Pablo se le ocurre algo muy importante: un seguimiento para animar a los ancianos y las iglesias que plantaron en su primer viaje. Sin los medios de comunicación que tenemos hoy, sería muy difícil saber cómo estaban.

Conflicto entre Pablo y Bernabé

³⁷ Resulta que Bernabé quería llevar con ellos a Juan Marcos, ³⁸ pero a Pablo no le pareció prudente llevarlo, porque los había abandonado en Panfilia y no había seguido con ellos en el trabajo.

Juan Marcos viajaba entre Jerusalén (ayudando a Pedro) y Antioquía. Era un joven capacitado y dotado, y primo de Bernabé. Ese apóstol, con su buen corazón para animar a otros, quiere darle a Juan Marcos otra oportunidad, pero a Pablo no le pareció prudente. Es un equilibrio delicado: queremos mostrar perdón, misericordia, gracia y compasión; ese era el carácter de Bernabé. Pero también hay cuestiones prácticas de arreglos y el inconveniente cuando alguien con quien cuentas abandona la misión. En el ministerio, necesitamos límites con gente que carece de madurez; ya sea emocional, espiritual o personal.

39 Se produjo entre ellos un conflicto tan serio que acabaron por separarse.

Se espera que, en el Señor, con ayuno y oración, podamos llegar a un acuerdo, pero también existen conflictos entre cristianos. A veces parece que la única solución es separarse (¡eso no se aplica a un matrimonio, que es un pacto hecho ante Dios!). También puede ser algo que debería reconocerse sin un conflicto tan serio: Dios tiene planes distintos para dos personas que han trabajado juntas y es hora de separarse. Eso puede ocurrir también con una iglesia; a veces gastamos mucha energía para mantener una situación cuando Dios ya está dirigiendo un cambio.

39Bernabé se llevó a Marcos y se embarcó rumbo a Chipre, 40 mientras que Pablo escogió a Silas. Después de que los hermanos lo encomendaron a la gracia del Señor, Pablo partió 41 y viajó por Siria y Cilicia, consolidando a las iglesias.

Bernabé volvió a su tierra natal. Lamentablemente, no se dice que Bernabé fue encomendado a la gracia del Señor por la iglesia, y no sabemos nada más sobre él; desaparece de la historia de la iglesia. Confiamos en que Bernabé todavía era útil en las manos del Señor; una situación como esta puede desalentar a alguien hasta que abandone el ministerio o incluso su fe. Más tarde,

Marcos era compañero de Pablo en su ministerio (2 Timoteo 4:11, Filemón 1:24).

Pablo partió con Silas, uno de los ancianos enviados de Jerusalén con la carta del concilio. Silas sería un fiel ayudante de Pablo. Es interesante que al principio (12:1) fue el Espíritu Santo quien escogió a Pablo y a Bernabé; aquí Pablo escogió a Silas. A mí me parece mejor cuando el Espíritu lo hace, pero también puede ser el derecho de un apóstol tomar esa decisión. La meta era *"visitar a los creyentes en todas las ciudades"* donde Pablo y Bernabé predicaron, pero Pablo le da Chipre a Bernabé.

16:1 Llegó Pablo a Derbe y después a Listra, donde se encontró con un discípulo llamado Timoteo, hijo de una mujer judía creyente, pero de padre griego. 2 Los hermanos en Listra y en Iconio hablaban bien de Timoteo, 3 así que Pablo decidió llevárselo. Por causa de los judíos que vivían en aquella región, lo circuncidó, pues todos sabían que su padre era griego. 4 Al pasar por las ciudades, entregaban los acuerdos tomados por los apóstoles y los ancianos de Jerusalén, para que los pusieran en práctica.

En el tiempo transcurrido entre la primera visita a Listra y esta, la iglesia ha engendrado a un discípulo que ya se había distinguido en el ministerio. Pablo decide llevárselo, tal vez recordando el ejemplo de Bernabé y cómo él había llevado a Saulo.

Aquí sucede algo que puede parecer una contradicción. Uno de los propósitos de Pablo es comunicar el contenido de la carta del concilio de Jerusalén a estas iglesias, la cual dice que un cristiano gentil no tiene que ser circuncidado. Timoteo se encuentra en una situación difícil: Tiene un padre gentil, pero una madre judía, y los judíos todavía creían que era necesario circuncidar a un judío. Para no ofenderlos, Pablo lo circuncidó. Timoteo sería uno de sus discípulos más importantes. Otra vez tenemos ese ejemplo de un apóstol o líder cristiano que se da cuenta del potencial de un joven y lo lleva a un ministerio juntos.

⁵ Y así las iglesias se fortalecían en la fe y crecían en número día tras día.

Es breve, pero característicamente Lucas termina esta porción (el final de la historia del concilio y cómo implementaron su decisión) con un resumen del estado de la iglesia. Es muy positivo: Con el asunto de los gentiles aclarado, las iglesias experimentaron dos cosas que Dios quiere para cada iglesia: fortalecerse en la fe (crecer espiritualmente) y crecer en número día tras día. La naturaleza del cuerpo de Jesús es el crecimiento. Si no hay, hay algo mal.

18

Qué hacer cuando te encuentras en un calabozo

Hechos 16:6-40

En este libro de Hechos hemos visto un patrón sencillo para alguien que quiere ser útil en las manos del Señor: estar disponible, escuchar su voz y obedecer lo que dice. Aquí vemos a Pablo siguiendo ese patrón y una progresión de tres etapas muy parecida a la vida de nuestro Señor Jesús. Pablo andaba como Cristo anduvo.

Prepararte para la obra que Dios tiene para ti

Primero, en la comodidad del hogar y la iglesia, esperamos en el Señor para discernir su voluntad:

⁶ Atravesaron la región de Frigia y Galacia, ya que el Espíritu Santo les había impedido que predicaran la palabra en la provincia de Asia. ⁷ Cuando llegaron cerca de Misia, intentaron pasar a Bitinia, pero el Espíritu de Jesús no se lo permitió.

Aquí Pablo llama a las puertas y las encuentra cerradas. No está en pecado; estoy seguro de que había orado y sabe que había una gran necesidad en Asia (la que ahora es Turquía). Pablo está disponible y tiene un deseo ardiente de predicar el evangelio en todo el mundo. Hay un dicho: "No se puede dirigir un carro estacionado"; a veces tenemos que tocar varias puertas antes de que se abra una. Pero también hay momentos en que tenemos que orar y esperar. Si hay una duda o inquietud, puede ser mejor quedarse donde estás hasta que recibas una confirmación para mover.

¿Cómo no les permitió el Espíritu predicar en Bitinia? ¿Cómo les fue prohibido por el Espíritu predicar en Asia? No lo sabemos. Puede ser debido a circunstancias, al consejo de un hermano en Cristo o a una voz interior. ¿Ha habido ocasiones en tu vida en las que dirías que el Espíritu te prohibió hacer algo, o que no permitió algo? En mi experiencia, empieza con una inquietud, casi un pavor. Algo que en sí es bueno, de repente siembra temor en tu corazón. Algo que tenías muchas ganas de hacer, de repente es como lo último que quieres hacer.

En ese momento, tienes que discernir:

- ¿Es la oposición del diablo? ¿Tenemos que batallar contra él? Satanás también puede impedírnoslo. Pablo escribió en 1 Tesalonicenses 2:18: *Sí, deseábamos visitarlos —yo mismo, Pablo, más de una vez intenté ir—, pero Satanás nos lo impidió.*

- ¿Está el Señor probándonos o enseñándonos perseverancia y fe?

- ¿O es un simple "no" de Dios?

Hay gente terca que insiste en seguir adelante e ignorar la dirección del Espíritu, pero es muy peligroso entrar en un lugar donde el Espíritu te ha prohibido entrar. He oído historias de misioneros que fueron prohibidos para entrar en un país, y resulta que hubo un golpe de estado y sería muy peligroso para ellos allí. Hay muchas historias de alguien que cree que Dios no quiere que aborde un vuelo, y ese avión se estrelló. Aprende a escuchar la voz tierna del Espíritu.

8 Entonces, pasando de largo por Misia, bajaron a Troas. 9 Durante la noche Pablo tuvo una visión en la que un hombre de Macedonia, puesto de pie, le rogaba: «Pasa a Macedonia y ayúdanos». 10 Después de que Pablo tuvo la visión, en seguida nos preparamos para partir hacia Macedonia, convencidos de que Dios nos había llamado a anunciar el evangelio a los macedonios.

Una visión nocturna es parecida a un sueño, pero más impresionante y memorable. Pablo estaba disponible; ahora recibe una llamada clara para ir a Macedonia y en seguida obedece. Hasta ahora ha estado con sus hermanos, esperando en el Señor. Es como nosotros, en hermosos momentos de comunión con Dios en casa o en la iglesia, con el compañerismo cariñoso de los hermanos. Pero después de ese hermoso culto el domingo, el lunes tenemos que volver a trabajar, estudiar o lidiar con los problemas en el hogar. Pablo y sus compañeros (Silas, Timoteo y Lucas) ya están entrando en la segunda etapa.

Entrando al campo de batalla

Ahora arrancan su misión, listos para invadir el territorio del diablo y proclamar las buenas nuevas. Pero, tal como Jesucristo, están en un camino que termina en la cruz.

11 Zarpando de Troas, navegamos directamente a Samotracia, y al día siguiente a Neápolis. 12 De allí fuimos a Filipos, que es una colonia romana y la ciudad principal de ese distrito de Macedonia. En esa ciudad nos quedamos varios días.

Cruzan el mar Egeo a Macedonia en barco, primero a Samotracia (una pequeña isla montañosa) y al día siguiente a Neápolis. Como de costumbre, Pablo va primero a la ciudad principal de la provincia; de allí salen para evangelizar los otros distritos.

En Filipos encuentran una ciudad pagana y próspera (había minas de oro y plata cercanas). A la entrada de la ciudad, un arco anunciaba que las religiones desconocidas estaban prohibidas en la ciudad. Era una ciudad muy romana, con muchos soldados romanos retirados. No había sinagoga, y quizás tampoco judíos.

Cuando llegaron, no empezaron a evangelizar de inmediato, sino que pasaron unos días en oración, posiblemente en ayuno, conociendo la ciudad, para discernir cuáles son los principados y potestades que operan en ella. Se enteraron de que hay una reunión de oración junto al río, y esperan el sábado.

13 El sábado salimos a las afueras de la ciudad, y fuimos por la orilla del río, donde esperábamos encontrar un lugar de oración. Nos sentamos y nos pusimos a conversar con las mujeres que se habían reunido.

Son obedientes a la prohibición de evangelizar dentro de la ciudad. En aquel entonces, como hoy, a menudo son las mujeres las que se reúnen para orar. Es un pequeño comienzo, pero atrae la atención del maligno.

Al principio, se puede cuestionar por qué Dios los llamó a Macedonia. No parece un campo muy fértil. No hay sinagoga. No pudo predicar en el foro. En su primera reunión, solo hay unas pocas mujeres. No hay milagros ni liberaciones. Pero empezamos con lo que el Señor nos da, y muchos milagros y grandes números no son siempre el signo del éxito. En la primera ronda, Cristo gana un alma.

14 Una de ellas, que se llamaba Lidia, adoraba a Dios. Era de la ciudad de Tiatira y vendía telas de púrpura. Mientras escuchaba, el Señor le abrió el corazón para que respondiera al mensaje de Pablo.

La púrpura era una tela costosa, que se llevaba como muestra de nobleza o realeza. Tiatira, una de las siete iglesias que recibió cartas en Apocalipsis, era una ciudad en el interior de Asia, a unos 600 km de Filipos. Los tintoreros de Tiatira eran famosos por su conocimiento del secreto de la tintura púrpura con la raíz de rubia. Lidia vino a Filipos para vender púrpura. Era extranjera, bastante rica y posiblemente más conocedora del judaísmo que los demás.

Nosotros tenemos que hacer nuestra parte y anunciar la palabra, pero el Señor abre los corazones para escuchar y responder al mensaje. Hay que orar para que Dios abra los corazones de los compañeros de trabajo, amigos y familiares.

15 Cuando fue bautizada con su familia, nos hizo la siguiente invitación: «Si ustedes me consideran creyente en el Señor, vengan a hospedarse en mi casa». Y nos persuadió.

Muchas veces una iglesia empieza con una familia. En el pasado, con familias muy grandes, podría incluir a mucha gente; hoy no tanto. Parece que de las mujeres allí junto al río, solo Lidia aceptó al Señor, y entonces compartió la palabra con su familia (nunca menciona un esposo). Como comerciante, ella tenía una casa grande y cómoda. Ya el Señor ha provisto un lugar, y los hermanos permanecen allí, en obediencia a las instrucciones que Jesús les había dado a sus discípulos (Lucas 10:7).

La batalla intensifica: Choque de reinos

Cuando nos involucramos en la obra del Señor y el Espíritu Santo se manifiesta con conversiones y milagros, el diablo y sus demonios también se manifestarán:

[16] *Una vez, cuando íbamos al lugar de oración, nos salió al encuentro una joven esclava que tenía un espíritu de adivinación. Con sus poderes ganaba mucho dinero para sus amos.* [17] *Nos seguía a Pablo y a nosotros, gritando: —Estos hombres son siervos del Dios Altísimo, y les anuncian a ustedes el camino de salvación.*

Muchas veces habrá oposición en el camino a la iglesia, a la oración: una discusión con la esposa, problemas con los hijos o un carro que no arranca. Esta muchacha era una esclava; tenía amos, y ellos probablemente la estaban abusando. A menudo, en el ministerio de Jesús, la persona endemoniada lo reconoció como el Hijo de Dios (mucho más que la gente religiosa). Los demonios reconocen a los verdaderos siervos de Dios; les tienen temor, pero por alguna razón también les llaman la atención. No te preocupes si los demonios se manifiestan en tu presencia; es una confirmación de que tú estás lleno del Espíritu de Dios.

En griego, este espíritu se llama un espíritu *pitónico*. Los espíritus tienen nombres, y este es un espíritu muy feo. Está presente en el mundo de hoy, a veces en la iglesia, donde se disfraza como un espíritu de profecía. La adivinación es predecir el futuro; realmente puede tener alguna revelación del futuro, pero como siempre con el diablo, se mezcla con mentiras.

Pablo no quiere este tipo de testimonio. En primer lugar, era contra la ley evangelizar dentro de la ciudad y no quería atraer la atención del pueblo. La gente pagaba por los servicios de la muchacha; ella ganaba mucho dinero para sus amos, y Pablo no quería problemas con ellos.

La segunda ronda: Cristo gana una mas

18 Así continuó durante muchos días. Por fin Pablo se molestó tanto que se volvió y reprendió al espíritu: —¡En el nombre de Jesucristo, te ordeno que salgas de ella!

Y en aquel mismo momento el espíritu la dejó.

¿Por qué esperó tanto Pablo para reprender al espíritu? Posiblemente ya sabía que habría consecuencias feas por parte de sus amos. Puede ser una pandilla de narcotraficantes, prostitutas o gente con otro vicio, pero siempre es peligroso cuando nos entrometemos en cuestiones del dinero. Fueron *"muchos días"* los que ella los siguió; finalmente, Pablo se hartó y reprendió al espíritu con autoridad, en el nombre de Jesús. Tú tienes ese mismo poder y autoridad para reprender a los espíritus inmundos, pero no es algo que hagamos a la ligera; hay que estar preparado espiritualmente y listo para las consecuencias.

Nuestra tendencia es pensar que cuando andamos así en el poder de Dios, habrá bendición y todo estará bien, pero muchas veces no es así. Puede ser que tú ames al Señor y estés caminando en obediencia a Él, pero de repente todo el infierno se ha desatado. No necesariamente significa que estás en pecado o que Dios está enojado contigo.

Tercera ronda: Se acercan a la cruz azotados por del enemigo

19 Cuando los amos de la joven se dieron cuenta de que se les había esfumado la esperanza de ganar dinero, echaron mano a Pablo y a Silas y los arrastraron a la plaza, ante las

*autoridades. ²⁰ Los presentaron ante los magistrados y dijeron: —
Estos hombres son judíos, y están alborotando a nuestra
ciudad, ²¹ enseñando costumbres que a los romanos se nos
prohíbe admitir o practicar.*

Los amos no tenían interés en el bienestar de la muchacha; solo
estaban pensando en el dinero y su placer, abusando de la
muchacha. Además de las cuestiones de raza, cultura, religión y
economía, Pablo y sus compañeros habían violado la norma de
no introducir nuevas creencias en la ciudad.

*²² Entonces la multitud se amotinó contra Pablo y Silas, y los
magistrados mandaron que les arrancaran la ropa y los azotaran.*

No sabemos qué pasó con Timoteo y Lucas, pero allí están el gran
apóstol con Silas, desnudos. Ser azotado con varas era algo muy
fuerte. Azotaron todo el cuerpo, incluso los pies, para quebrar los
huesos de los pies. Los judíos tenían un límite de 39 latigazos,
pero los romanos no tenían límite. Muchos murieron por el
azoteo con varas.

*²³ Después de darles muchos golpes, los echaron en la cárcel, y
ordenaron al carcelero que los custodiara con la mayor
seguridad. ²⁴ Al recibir tal orden, este los metió en el calabozo
interior y les sujetó los pies en el cepo.*

Están ensangrentados, desnudos y con alta seguridad en el
calabozo más profundo de la cárcel, con los pies en el cepo.
Estaban en una provincia romana, pero claramente extranjeros y
sin abogado. La situación es muy mala. ¿Por qué? ¿Dónde está
Dios? ¿Qué hicieron mal? ¿Habrán pecado? ¡No! En este mundo
hay momentos en los que estamos azotados con varas,
emocional y espiritualmente, y parece que el enemigo ha ganado

la batalla. No hay esperanza. Pablo está listo para morir. Años después, él escribió a la iglesia en Filipos:

Para mí el vivir es Cristo y el morir es ganancia. Ahora bien, si seguir viviendo en este mundo representa para mí un trabajo fructífero, ¿qué escogeré? ¡No lo sé! Me siento presionado por dos posibilidades: deseo partir y estar con Cristo, que es muchísimo mejor, pero por el bien de ustedes es preferible que yo permanezca en este mundo (Filipenses 1:21-24).

¿Te sientes como si estuvieras en el calabozo más profundo de una prisión? ¿Atado por el enemigo? ¿Cautivo de algún pecado? ¿Estás pasando por circunstancias muy duras? Puede que no veas ninguna salida. Solo hay oscuridad. Los pies están en el cepo. La victoria parece imposible. Pero tu circunstancia, ¿está peor que la de Pablo y Silas? Creo que no. Entonces, ¿qué esperanza hay? ¿Qué puedes hacer?

El varón de Dios se levanta para la cuarta ronda

[25] *A eso de la medianoche, Pablo y Silas se pusieron a orar y a cantar himnos a Dios, y los otros presos los escuchaban.*

Cuando no hay más nada que puedas hacer, alaba a Dios. Hay poder en la alabanza. Adoramos a Dios no solo porque se siente bien y la música es linda; el diablo huye frente a nuestras alabanzas. Puede que no tengas una Biblia, pero siempre puedes orar y adorar. A medianoche, Pablo y Silas cantan alabanzas a Dios. En la hora más oscura, alaba a Dios. Con el corazón quebrantado, alaba a Dios. Cántale al Señor. En la ducha, alaba a Dios. ¿Y si los vecinos te escuchan? Confía en Dios, que Él usará tu testimonio. Hay un corrito viejo: "Cuando el pueblo del Señor alaba a Dios, suceden cosas maravillosas. Hay sanidad, liberación, se siente la bendición." ¿Estaban declarando su liberación? ¿Pidieron la libertad de los demás prisioneros? ¿Declararon un gran terremoto? No lo creo. Creo que en su oración pidieron un milagro, pero entregaron sus vidas otra vez a Dios, confiando en Él, y entonces empezaron a alabar y adorar.

La alabanza suelta una gran victoria para Dios

26 De repente se produjo un terremoto tan fuerte que la cárcel se estremeció hasta sus cimientos. Al instante se abrieron todas las puertas y a los presos se les soltaron las cadenas.

Cuando Cristo murió en la cruz, el diablo creyó que había vencido al Hijo de Dios. Jesús estaba en el sepulcro, muerto. Pablo está en el calabozo más adentro, casi muerto, pero Dios siempre tiene la última palabra.

Cuando Jesús resucitó, hubo un terremoto: *Sucedió que hubo un terremoto violento, porque un ángel del Señor bajó del cielo y, acercándose al sepulcro, quitó la piedra y se sentó sobre ella* (Mateo 28:2). Ahora hubo otro gran terremoto.

No tenemos que saber cómo Dios va a hacerlo; en este caso, Él fue mucho más allá de sus expectativas. ¿Crees que Dios puede mandar un gran terremoto? ¡Seguro que puede! ¡No hay nada difícil para Él! Puede sacudir los cimientos de tu casa, tu pueblo y tu país. Puede abrirte puertas y romper todas las cadenas de tu vida.

Cuando Dios bendice tu vida, muchas veces tu familia y todos los que te rodean también se benefician: se abren todas las puertas y se sueltan todas las cadenas de los presos.

27 El carcelero despertó y, al ver las puertas de la cárcel de par en par, sacó la espada y estuvo a punto de matarse, porque pensaba que los presos se habían escapado. Pero Pablo le gritó: 28 —¡No te hagas ningún daño! ¡Todos estamos aquí!

Dios abrió las puertas y los soltó de sus cadenas. Les dio la oportunidad de salir y escapar de la ciudad. Pero no, se quedaron adentro, y Dios también hizo algo impresionante en los demás presos: ninguno de ellos huyó. Tal vez estaban abrumados con el poder y la gloria de Dios, y las alabanzas de Pablo y Silas tocaron sus corazones. Pablo se levanta en autoridad: Dios vino para salvar, no para matar, y Pablo sabe que Dios ama también al carcelero.

Otra ronda, de noche, y una familia ganada para Cristo

29 El carcelero pidió luz, entró precipitadamente y se echó temblando a los pies de Pablo y de Silas. 30 Luego los sacó y les preguntó: —Señores, ¿qué tengo que hacer para ser salvo?

Cuando tú tienes el favor de Dios, la gente poderosa del mundo vendrá temblando y se postrará a tus pies, buscando la bendición de Dios. ¿Crees que Dios también puede trabajar en tu vida de tal manera que otros vean el poder de Dios y te pregunten cómo ser salvo?

31 —Cree en el Señor Jesús; así tú y tu familia serán salvos —le contestaron.

La salvación es una cuestión de fe y relación con Jesucristo. De este verso surge una creencia común de que la salvación de toda la casa es prometida cuando tú aceptas a Jesús. Es la voluntad de Dios, y muchas veces sucede como resultado de tu testimonio, pero no es automática. Cada persona necesita fe y tiene que tomar esa decisión; tu fe no puede salvar a otra persona. Puedes orar por él en fe y testificar en fe, pero él tiene que tomar su propia decisión.

32 Luego les expusieron la palabra de Dios a él y a todos los demás que estaban en su casa. 33 A esas horas de la noche, el carcelero se los llevó y les lavó las heridas; en seguida fueron bautizados él y toda su familia. 34 El carcelero los llevó a su casa, les sirvió comida y se alegró mucho junto con toda su familia por haber creído en Dios.

Podría haber sido la una de la mañana. No importa. No sabemos qué pasó con los demás presos. Pablo y Silas están cubiertos de sangre y gravemente heridos, pero ante todo, compartieron la palabra de Dios con todos en la casa. Luego, el carcelero lavó sus heridas, y quizás en el mismo lugar donde los limpió, el carcelero y su familia fueron bautizados. Otra vez, vemos la importancia del bautismo; no esperaron hasta la mañana ni un culto con los otros creyentes. Quizás Dios sanó las heridas de Pablo y Silas, y todos comieron. Dios llenó esa casa de gozo.

El final de la historia: expulsados de la ciudad

35 Al amanecer, los magistrados mandaron a unos guardias al carcelero con esta orden: «Suelta a esos hombres». 36 El carcelero, entonces, le informó a Pablo: —Los magistrados han ordenado que los suelte. Así que pueden irse. Vayan en paz.

37 Pero Pablo respondió a los guardias: —¿Cómo? A nosotros, que somos ciudadanos romanos, que nos han azotado públicamente y sin proceso alguno, y nos han echado en la cárcel, ¿ahora quieren expulsarnos a escondidas? ¡Nada de eso! Que vengan ellos personalmente a escoltarnos hasta la salida.

Ellos no huyeron por las puertas abiertas de la cárcel, y ahora los magistrados les ofrecen su libertad. Otra vez parece que Dios está moviéndose a su favor. El carcelero se complace en comunicar esa decisión, pero Pablo dice que no: Era ilegal azotar a un ciudadano romano con varas o echarlos en la cárcel sin sentencia. Evidentemente, Silas también era ciudadano romano; era un valioso privilegio, difícil de conseguir. Dios había preparado esa bendición para ellos de antemano. No es pecado reclamar tus derechos ante la ley.

[38] Los guardias comunicaron la respuesta a los magistrados. Estos se asustaron cuando oyeron que Pablo y Silas eran ciudadanos romanos, [39] así que fueron a presentarles sus disculpas. Los escoltaron desde la cárcel, pidiéndoles que se fueran de la ciudad. [40] Al salir de la cárcel, Pablo y Silas se dirigieron a la casa de Lidia, donde se vieron con los hermanos y los animaron. Después se fueron.

Ahora los magistrados tienen temor; ruegan a los hermanos que salgan. Tienen un culto final y se van de la ciudad. ¡Qué introducción a Macedonia!

Pablo y Silas casi murieron. Dejaron dos familias y algunos presos en Filipos para establecer una iglesia. Al principio, pareció una derrota, una gran victoria para el diablo. Pero Dios es fiel, y Él se glorificó de una manera muy impresionante. No importa dónde estés o qué esté sucediendo en tu vida. Alaba a Dios. Él puede mover montañas.

19

El evangelio llega a Éfeso
Hechos 18:24-19:12

La iglesia de Éfeso era una de las iglesias más impresionantes del primer siglo. Era una iglesia llena del Espíritu, que impactó toda su provincia. Éfeso era una próspera ciudad de comercio y muy importante en el Imperio Romano. Ubicada en lo que hoy es Turquía, era una de las ciudades principales de la provincia de Asia. Aunque muchos judíos vivían allá, era una ciudad muy pagana. El templo dedicado a la diosa Diana, una de las siete maravillas del mundo antiguo, dominaba la ciudad.

El evangelio llega a Éfeso
Dejamos por un momento las experiencias de Pablo mientras Lucas presenta a Apolos y el comienzo de la iglesia en Éfeso:

24 Por aquel entonces llegó a Éfeso un judío llamado Apolos, natural de Alejandría. Era un hombre ilustrado y convincente en el uso de las Escrituras. 25 Había sido instruido en el camino del Señor, y con gran fervor hablaba y enseñaba con la mayor exactitud acerca de Jesús, aunque conocía solo el bautismo de Juan. 26 Comenzó a hablar valientemente en la sinagoga. Al oírlo Priscila y Aquila, lo tomaron a su cargo y le explicaron con mayor precisión el camino de Dios.

197

27 Como Apolos quería pasar a Acaya, los hermanos lo animaron y les escribieron a los discípulos de allá para que lo recibieran. Cuando llegó, ayudó mucho a quienes por la gracia habían creído, 28 pues refutaba vigorosamente en público a los judíos, demostrando por las Escrituras que Jesús es el Mesías.

El varón que el Señor usaba para plantar esta iglesia

Casi siempre, Dios utiliza a un hombre ungido para plantar una iglesia; ya hemos leído sobre el trabajo de Felipe, Bernabé y Pablo. En este caso, era Apolos, un nativo de Alejandría, Egipto, una de las ciudades más importantes del Imperio Romano. Apolos era:

* Judío
* Elocuente
* Poderoso en las Escrituras
* De espíritu fervoroso
* Capacitado; instruido en el camino del Señor

¡Qué combinación! Tiene una base sólida en su fe judía y ha estudiado la Palabra de Dios. A veces, estudiar demasiado le quita el fervor a alguien, pero Apolos estaba muy fervoroso. Más tarde, él trabajó con Pablo y tenía un rol importante en la iglesia de Corinto. El Señor lo envió a Éfeso, en lo que parece ser su primer viaje misionero. Fue a la sinagoga y comenzó a hablar con denuedo, enseñando diligentemente acerca de Jesucristo. ¡Qué bueno!

El peligro de un conocimiento limitado

Había un pequeño problema: puedes ser poderoso en las Escrituras, fervoroso por las cosas de Dios, instruido en sus caminos y aún ser ignorante de cosas muy importantes de la vida cristiana. El hecho es que hay muchos que aman a Jesús, pero tienen un conocimiento limitado de la Biblia. En Apolos vemos cómo el Señor puede usar poderosamente a esa persona. No fue culpa de Apolos; era un varón muy sincero. Tampoco es culpa de algunos ministros hoy; puede que su iglesia esté creciendo muy rápido y no tengan los fondos o el tiempo para estudiar en un instituto bíblico. Pero es un gran problema, porque deja a la iglesia vulnerable a muchos errores. Yo he observado una gran falta de estudio concienzudo de la Biblia y conocimiento de cómo interpretarla.

En este caso, Apolos solo conocía el bautismo de Juan, un bautismo de arrepentimiento. No era un bautismo de identificación con Jesucristo ni un bautismo en el Espíritu Santo. No sabemos por qué no conocía ese bautismo cristiano; posiblemente escuchó a Jesús y fue bautizado por Juan, pero se trasladó de Jerusalén a Alejandría antes de Pentecostés.

Sé enseñable

La persona orgullosa que no se puede enseñar y no está abierta a recibir toda la verdad es otra cosa. Gracias a Dios, ese no fue el caso de Apolos; Dios puso a una pareja en su camino para explicarle mejor el evangelio. Lo llevaron a un lado, lo invitaron a su hogar y le expusieron con mayor precisión el camino de Dios. Siempre es mejor hacerlo así; si reprendes a alguien en presencia de la iglesia (o incluso ante otros hermanos), la persona puede ponerse muy a la defensiva. Necesitamos personas como Priscila y Aquila hoy, con el conocimiento, la ternura y el denuedo para ayudar a ministros más jóvenes. ¿Crees que Dios puede usarte a ti y a tu matrimonio para ministrar a alguien como Apolos?

Era común en ese día enviar un evangelista a otras ciudades; así creció vertiginosamente la iglesia. Apolos quiso ir a Acaya (Corinto), y los hermanos lo enviaron con mucho entusiasmo. Si el Señor manda que alguien salga de tu iglesia para ministrar en otro lugar, anímalo y prepárale el camino. Escribe un correo electrónico o una carta de recomendación.

Pon en práctica lo que aprendes

Apolos aprendió bien y ahora sabía cómo demostrar, por medio de las Escrituras, la verdad acerca de Jesús. Tenemos que estudiar y prepararnos para usar la Biblia, explicando el camino del Señor a la gente. Es la Palabra de Dios (no la tuya) la que tiene el poder de convencer y transformar. A veces, tenemos que refutar públicamente los errores de otras doctrinas, y está bien hacerlo con vehemencia; Dios no necesita hombres temerosos, sino guerreros. Qué bendición es recibir a alguien como Apolos. Ojalá tú también seas de gran provecho para todos los que te reciben.

¿Crees que tienes un buen conocimiento de la doctrina, la Biblia y la historia de la iglesia? ¿Estás abierto a seguir aprendiendo más? ¿Crees que eres enseñable?

Apolos hizo su mejor esfuerzo y sentó los cimientos para la formación de la iglesia en Éfeso. Gracias a Dios por su buen trabajo; no obstante, a esos cimientos les faltaban varias cosas importantes. Por lo tanto, Dios envía a otro hombre para suplir lo que faltaba; la iglesia está a punto de explotar, y la llegada de Pablo fue la chispa necesaria.

Pablo llega a Éfeso

19:1*Aconteció que entre tanto que Apolos estaba en Corinto, Pablo, después de recorrer las regiones superiores, vino a Éfeso, y halló a ciertos discípulos.*

Parece que Pablo todavía no conocía a Apolos, ni sabía nada acerca de la iglesia en Éfeso. Cuando llegó a esa ciudad, halló varios discípulos, fruto de la labor de Apolos, pero por alguna razón supo de inmediato que algo no estaba bien. Ya supimos que el bautismo de Apolos no era correcto, pero también había otro problema:

²Pablo les dijo: ¿Recibisteis el Espíritu Santo cuando creísteis? Y ellos le dijeron: Ni siquiera hemos oído si hay Espíritu Santo. ³Entonces dijo: ¿En qué, pues, fuisteis bautizados? Ellos dijeron: En el bautismo de Juan.

¿Creyentes sin el Espíritu Santo?

Posiblemente se le reveló el Espíritu, pero yo creo que Pablo observó algo que faltaba entre los hermanos: no vio el poder ni las manifestaciones del Espíritu. Él esperaba que hubieran recibido el Espíritu Santo al aceptar a Jesús. Es lo que hemos observado en la mayoría de los casos en Hechos: alguien recibió a Jesús, fue bautizado en agua y, al mismo tiempo, bautizado en el Espíritu, casi siempre con la manifestación de nuevas lenguas. Pero a veces no sucede así, como vemos ahora en Éfeso. Para Pablo, era prioritario resolver este problema.

¿Y tú? ¿Recibiste el Espíritu cuando creíste en Jesús? Aún hay controversia acerca del bautismo en el Espíritu. Algunos hermanos sinceros (pero tal vez sin mucha sabiduría) han hecho que algunos creyentes se sientan inferiores o los pongan a la defensiva, pero la verdad es que no es posible edificar una iglesia sin el Espíritu. Pablo sabe que el Espíritu es esencial para la vida cristiana, por lo que hará todo lo necesario para que lo reciban. Aquí hay un caso claro (y no es el único que hemos visto) de creyentes sinceros que no tenían al Espíritu. Es obvio que para algunos será una segunda experiencia, después de haber aceptado a Jesús.

Aquí era simplemente ignorancia: ni siquiera habían oído que había un Espíritu Santo. En algunas iglesias casi no hablan del Espíritu; en aquel entonces, como ahora, simplemente hay una falta de conocimiento sobre la tercera persona de la Trinidad.

La conexión del bautismo en agua y en el Espíritu

En la mente de Pablo, hay una conexión íntima entre el bautismo en agua y el bautismo en el Espíritu. Cuando él se enteró de que no sabían nada acerca del Espíritu, su primer instinto fue: "Entonces, hay algún problema con su bautismo. Si son bautizados, deberían tener el Espíritu." Es posible ser bautizado en ignorancia y no recibir todo lo que el Señor tiene para ti. En el caso de aquellos cristianos, fueron bautizados solo en el bautismo de Juan, un bautismo de arrepentimiento.

[4] Dijo Pablo: Juan bautizó con bautismo de arrepentimiento, diciendo al pueblo que creyesen en aquel que vendría después de él, esto es, en Jesús el Cristo. [5] Cuando oyeron esto, fueron bautizados en el nombre del Señor Jesús.

Aquí vemos apoyo bíblico para ser bautizado por segunda vez. Si fuiste bautizado como un bebé o ignorante del evangelio, puedes bautizarte otra vez.

Corrigiendo el problema

[6] Y habiéndoles impuesto Pablo las manos, vino sobre ellos el Espíritu Santo; y hablaban en lenguas, y profetizaban.

Cuando seguimos el modelo del Nuevo Testamento debemos experimentar los mismos resultados:

1. Fueron bautizados en agua.

2. Pablo impuso las manos. Muchas veces cuando ministramos el bautismo del Espíritu, imponemos las manos.
3. Vino el Espíritu Santo.
4. Hablaban en lenguas y profetizaban. Casi siempre, cuando viene el Espíritu, hay una manifestación en la boca: con alabanzas, nuevas lenguas y, en este caso, profecía.

¿Ha venido el Espíritu sobre ti? ¿Sobre tu iglesia? ¿Hay evidencia de ese bautismo? ¿Has sido bautizado en agua? ¿Hay alguien que conoces que necesita la imposición de manos para recibir el Espíritu? ¿Estás dispuesto a que el Señor te use de esa manera?

El crecimiento de la iglesia
7 Eran por todos unos doce hombres.

Esta era una iglesia pequeña, pero no menosprecies el día de principios modestos. ¿Cuál es la importancia del número doce? Con doce discípulos, Cristo transformó al mundo, y de estos doce, Dios levantó una iglesia grande y poderosa en Éfeso. Pero el número no es importante, sino la unción del Espíritu y la unión de esos hermanos. Quizá tu iglesia no sea muy grande, pero no te preocupes; crecerá, y el Señor hará grandes cosas para glorificar su nombre. Si no hay crecimiento, tal vez deberías examinar la iglesia para ver si el poder del Espíritu está presente.

8 Y entrando Pablo en la sinagoga, habló con denuedo por espacio de tres meses, discutiendo y persuadiendo acerca del reino de Dios. 9 Pero endureciéndose algunos y no creyendo, maldiciendo el Camino delante de la multitud, se apartó Pablo de ellos y separó a los discípulos, discutiendo cada día en la escuela de uno llamado Tiranno. 10 Así continuó por espacio de dos años, de manera que todos los que habitaban en Asia, judíos y griegos, oyeron la palabra del Señor Jesús. [11] *Y Dios hacía grandes milagros por medio de Pablo,* [12] *tanto que hasta los pañuelos o las ropas que habían sido tocados por su cuerpo eran llevados a los enfermos, y éstos se curaban de sus enfermedades, y los espíritus malignos salían de ellos.*

Esto realmente es muy impresionante y sirve como ejemplo de cómo plantar una nueva iglesia o entrar en un campo nuevo. ¿Hay algo semejante sucediendo en tu iglesia?

- **La predicación pública de Jesucristo.** Primero vamos a la gente que tiene algún conocimiento de la Palabra. Casi siempre hay algunos hambrientos de la verdad, y por lo general, Pablo empezaba en la sinagoga.

- **Rechazo y persecución.** A pesar de esto, la obra no se detuvo; simplemente fueron a una escuela para enseñar allí. A veces tenemos que separar a los hermanos de gente que no acepta la verdad de la Palabra.

- **Denuedo.** ¡Pablo habló con denuedo!

- **Perseverancia.** Cada día estaban allí; ¡alrededor de dos años!

- **Discutir y persuadir acerca del Reino de Dios.** ¿Hablas mucho del Reino? Era un tema principal en la enseñanza de Jesucristo, sobre todo en el evangelio de Mateo. ¡A menudo escucho más acerca del reino de los hombres que del Reino de Dios!

- **Saturación.** Toda la provincia oyó la Palabra. ¿Cómo te va en tu ciudad o provincia?

- **Señales y prodigios para confirmar la Palabra.** Así sucedió en el ministerio de Jesús y en todo el libro de Hechos. Dios hizo milagros extraordinarios por mano de Pablo: enfermedades se fueron y demonios salieron.

¿Crees que Dios quiere hacer lo mismo hoy? ¿Por qué no? ¡Dios quiere glorificarse a sí mismo! ¿Crees que hay gente en tu comunidad que sufre bajo la opresión del diablo? ¿Hay gente enferma? ¿Qué pasaría si de repente algunos de los peores pecadores en tu área fueran liberados de sus demonios y sus vidas se transformaran? ¿Cómo cambiaría tu iglesia si fuese conocida como un centro de sanidad para todos?

20

Cómo Pablo corría su carrera

Hechos 20:17-38

¹⁷Desde Mileto, Pablo mandó llamar a los ancianos de la iglesia de Éfeso.

¿Cómo te va en la carrera? Pablo corrió muy bien en la suya, pero aquí está llegando al final.

Dejamos a Pablo en el último capítulo con un gran ministerio en Éfeso, pero como sucedió tantas veces con Pablo, ocasionó un alboroto. En este caso, no fue por los judíos, sino por la amenaza que él representaba para el culto a Diana y las ganancias de los artesanos. Salió de Éfeso para un recorrido por Macedonia y Grecia, en su camino a Siria y Jerusalén. Quería despedirse de los ancianos de la iglesia en Éfeso por última vez, y como Jesús en el aposento alto (Juan 14-16), comparte las cosas más íntimas de su corazón, cosas que nos enseñan mucho acerca del liderazgo de la iglesia. Este es el único discurso en Hechos dirigido a los creyentes; todos los demás son evangelísticos.

Una vida transparente

[18] Cuando llegaron, les dijo: «Ustedes saben cómo me porté todo el tiempo que estuve con ustedes, desde el primer día que vine a la provincia de Asia.

Había consistencia en su vida. Desde el primer día y durante todo el tiempo que estuvo con ellos, se comportó de manera ejemplar. Te ayudará mucho en tu vida y ministerio si eres coherente, para que otros sepan qué esperar de ti. Pablo no tiene nada que esconder: ellos saben cómo se comportó; su conciencia está limpia. ¿Qué diría tu iglesia o tu familia de ti? ¿Es tu vida transparente?

[19] He servido al Señor con toda humildad y con lágrimas, a pesar de haber sido sometido a duras pruebas por las maquinaciones de los judíos.

Pruebas y lágrimas

Su vida era dura. Siempre sufrió duras pruebas. Si Pablo fue sometido a ellas, creo que tú también lo serás, y pueden venir de lugares inesperados; en este caso, del mismo pueblo judío. Para ti, pueden ser de tu familia, tu iglesia o tus amigos.

- ¿Cuáles son las pruebas en tu vida ahora? ¿Sigues sirviendo al Señor a pesar de ellas? No permitas que esas pruebas te desanimen.

- Sirve a Cristo con toda humildad. Lee Filipenses 2 otra vez para recordarte la humildad modelada por nuestro Señor Jesús. ¿Tu ministerio se caracteriza por la humildad?

- Podemos entender la humildad, pero ¿lágrimas? Las lágrimas reflejan la pasión de Pablo, su gran amor por la gente y cómo agonizaba en oración. ¿Estás conmovido a lágrimas cuando predicas, oras o ministras a alguien?

Enseña públicamente y en las casas

[20] *Ustedes saben que no he vacilado en predicarles nada que les fuera de provecho, sino que les he enseñado públicamente y en las casas.*

Si recibes algo del Señor que puede ser de provecho para otros, compártelo. No vaciles en predicar; necesitan la Palabra de Dios. Enseña públicamente, pero también visita las casas y enseña la palabra allí. Hace años, era costumbre de los pastores visitar a sus ovejas en sus hogares; ahora casi nunca sucede, pero necesitan esa enseñanza personal.

Predica a Cristo al mundo entero

[21] *A judíos y a griegos les he instado a convertirse a Dios y a creer en nuestro Señor Jesús. (RVR: testificando a judíos y a gentiles acerca del arrepentimiento para con Dios, y de la fe en nuestro Señor Jesucristo.)*

El evangelismo también ocupaba el corazón y el tiempo del apóstol. Con Dios no hay acepción de personas; predica a Jesús a todo el mundo. El mensaje es un llamado al arrepentimiento y a la fe en el mensaje y sacrificio de Jesús.

Obligado por el Espíritu

[22] *»Y ahora tengan en cuenta que voy a Jerusalén obligado por el Espíritu, sin saber lo que allí me espera.*

Todos quieren la unción, el gozo y los dones del Espíritu, pero el mismo Espíritu también nos *obliga* a hacer cosas que pueden ser difíciles. Para recibir esa dirección, necesitas una relación íntima con el Espíritu. ¿Cuándo fue la última vez que te sentiste *obligado* por Él?

¿Tienes la fe para obedecer al Señor como Abraham (Génesis 12) y Felipe (Hechos 9) sin saber los detalles? Tenemos que confiar en el Señor para el futuro, sin saber qué esperar.

Prisiones y sufrimientos

[23] Lo único que sé es que en todas las ciudades el Espíritu Santo me asegura que me esperan prisiones y sufrimientos.

Me gusta cómo el Espíritu guió y aconsejó a Pablo, y en este caso le reveló una cosa segura: en cada lugar lo esperan prisiones y sufrimientos. Él no habla de ofrendas, éxitos, amor o bendiciones, sino de prisiones y sufrimientos. Muchos dirían: "Gracias, pero no quiero esa tarea. Voy a escoger otro camino." No es fácil andar como un Señor crucificado anduvo.

[24] Sin embargo, considero que mi vida carece de valor para mí mismo, con tal de que termine mi carrera y lleve a cabo el servicio que me ha encomendado el Señor Jesús, que es el de dar testimonio del evangelio de la gracia de Dios.

Sin duda, Pablo corrió muy bien su carrera: predicó a miles y plantó muchas iglesias. ¿Y tú? ¿Sabes qué servicio Dios te ha encomendado? ¿Cómo te va? Pablo no lo menciona aquí, y no era su motivo principal, pero al final de la carrera le espera una recompensa.

Nadie lo volverá a ver

[25] »Escuchen, yo sé que ninguno de ustedes, entre quienes he andado predicando el reino de Dios, volverá a verme. [26] Por tanto, hoy les declaro que soy inocente de la sangre de todos, [27] porque sin vacilar les he proclamado todo el propósito (RVR: consejo) de

Dios. (DHH: porque les he anunciado todo el plan de Dios, sin ocultarles nada.)

Pablo no sabía muchos detalles del futuro, pero había tres cosas que sabía:

- Es la última vez que él los verá.

- Sabía todo el plan o propósito de Dios. Dios quiere establecer su reino, y eso es lo que predicó Pablo. ¿Tienes un buen conocimiento de su plan? ¿Lo predicas, incluso las partes difíciles, sin ocultar nada?

- Es inocente de su sangre. ¿Puedes decir lo mismo? Si Dios te llama a predicar a alguien y no lo haces, eres culpable de la sangre de esa persona (Ezequiel 3:20-21).

Responsabilidades de pastores

28 Tengan cuidado (RVR: mirad) de sí mismos y de todo el rebaño sobre el cual el Espíritu Santo los ha puesto como obispos (DHH: pastores) para pastorear la iglesia de Dios, que él adquirió (DHH: compró) con su propia sangre.

Ancianos, pastores y obispos son aquellos que tienen autoridad en la iglesia.

- Tienen que cuidarse a sí mismos. Muchos pastores descuidan su propia salud emocional, física y espiritual, y descuidan sus relaciones con familiares y amigos, pero no puedes ministrar a otros si tú estás vacío. Nuestra tendencia es desear que otros nos cuiden, pero parte de la madurez es aprender a cuidarse. Guárdate del pecado y mantén tu comunión con el Señor.

- Tienen que cuidar a toda la iglesia, como pastores con sus ovejas. Cuesta mucho trabajo; el pastor es responsable del bienestar del rebaño.

- Son puestos por el Espíritu Santo. Dios no busca voluntarios, ni son elegidos por la iglesia. Con toda esta responsabilidad, hay que estar seguro de que *Dios* te ha puesto como pastor. Si Dios te llama, no es una opción; tienes que obedecerlo.

La iglesia no es tuya; es de Dios. Él pagó un precio muy alto por ella: su propia sangre. (Para aquellos con dudas acerca de la divinidad de Cristo: Pablo dice aquí que es la propia sangre *de Dios* la que la adquirió.)

Entrarán lobos

[29] Sé que después de mi partida entrarán en medio de ustedes lobos feroces que procurarán acabar con el rebaño.

A pesar de todas sus labores y la protección de Dios sobre su rebaño, la iglesia está en gran peligro. No es solo una posibilidad; Pablo sabe que lobos feroces vendrán a atacar la iglesia. Pocas iglesias están preparadas para ellos, así que entran sin oposición y destruyen el rebaño. ¿Estás preparado para ellos? ¿Hay lobos feroces en tu iglesia ahora? ¿Cómo responderás a ellos?

Falsos maestros dentro de la iglesia

[30] Aun de entre ustedes mismos se levantarán algunos que enseñarán falsedades para arrastrar a los discípulos que los sigan (DHH: *mentiras para que los creyentes los sigan*).

La amenaza no es solo del exterior; habrá algunos entre los mismos hermanos que intentan sacar a otros como sus propios discípulos, enseñándoles falsedades. ¿Sabes lo que están enseñando en las clases y grupos en tu iglesia? ¿Cómo te aseguras de que es una doctrina sana? ¿Cómo respondes a la falsa doctrina? ¡Mantente alerta!

¿Cuáles serían algunas mentiras que atraerían a los hermanos? ¿Promesas de prosperidad, salud y bendiciones? ¿Negando la necesidad del arrepentimiento y la santidad? ¿Ignorando el costo del discipulado?

Laborando día y noche

[31] *Así que estén alerta. Recuerden que día y noche, durante tres años, no he dejado de amonestar (DHH: aconsejar) con lágrimas a cada uno en particular.*

No hay tiempo para descansar o bajar las defensas; el diablo anda alrededor como león rugiente, buscando a cuál iglesia devorar.

Otra vez vemos el gran amor y la pasión del apóstol por el bienestar de cada uno; tenía un ministerio muy personal. Si tú quieres proteger a tu rebaño de lobos y del peligro interno, tienes que amonestar a cada hermano en particular. Si tienes una iglesia muy grande, necesitas suficientes ancianos para este ministerio. Sí, cuesta mucho trabajo y mucho tiempo; Pablo ministró día y noche. Por desgracia, pocos quieren hacer ese sacrificio y dejar su televisión, deportes, internet y películas.

La iglesia encomendada a Dios

[32] *»Ahora los encomiendo a Dios y al mensaje de su gracia, mensaje que tiene poder para edificarlos y darles herencia entre todos los santificados (DHH: para hacerlos crecer espiritualmente y darles todo lo que ha prometido a su pueblo santo).*

Llega el momento en que el pastor fundador tiene que irse a otra iglesia (o muere), o el apóstol se va. Hemos hecho nuestro mejor esfuerzo; ahora tenemos que encomendar la iglesia a Dios.

Muchos tienen un sentido exagerado de su importancia, pero Pablo descansa confiado porque conoce la gracia de Dios, la cual tiene el poder de edificarse y de darte tu herencia. Así puedes entrar en la compañía de todos los santificados.

¿Estás experimentando la gracia de Dios en tu vida? ¿Necesitas edificación? ¿Tienes un ministerio de gracia, en hecho y palabra? ¿Confías en Dios y en su poder para edificar a los hermanos en tu iglesia?

Oro y plata

33 No he codiciado ni la plata ni el oro ni la ropa de nadie.

Creo que no hay gran problema con pastores codiciando la ropa de sus ovejas, pero su oro y plata son otra cosa. Para su vergüenza y condenación, hay muchos robos del rebaño de su dinero, pero el pecado no es solo robar; codiciar es aún más común. Cuídate mucho de no codiciar y abusar de las ovejas de Jesús para tu propio beneficio.

34 Ustedes mismos saben bien que estas manos se han ocupado de mis propias necesidades y de las de mis compañeros.

Nadie puede decir que Pablo era perezoso; trabajaba duro no solo en el ministerio, sino también haciendo tiendas, para no pedirle nada a nadie. Así suplió sus necesidades y también las de sus compañeros. ¿Cuántos "apóstoles" trabajan hoy para pagar a sus compañeros? Es cierto que la Biblia dice que la iglesia debe pagar a los pastores, pero Pablo no quería aprovechar ese privilegio para no tropezar a ningún hermano.

[35] *Con mi ejemplo les he mostrado que es preciso trabajar duro para ayudar a los necesitados, recordando las palabras del Señor Jesús: "Hay más dicha en dar que en recibir." »*

Hay muchos pastores trabajando por muy poco, sirviendo a su rebaño, pero también hay algunos que ministran por dinero, poder o fama. Un verdadero siervo de Dios ayuda a los necesitados; no los usa para su propio beneficio.

Nuestro motivo en esta vida debe ser dar, y no recibir. Así, experimentamos la bendición de Dios. Tenemos que enseñarlo a nuestros hijos y modelarlo en nuestras iglesias. La mayoría de hoy piensa en lo que pueden recibir. ¿Y tú?

Adiós

[36] *Después de decir esto, Pablo se puso de rodillas con todos ellos y oró.* [37] *Todos lloraban inconsolablemente mientras lo abrazaban (RVR: echándose al cuello de Pablo) y lo besaban.* [38] *Lo que más los entristecía era su declaración de que ellos no volverían a verlo. Luego lo acompañaron hasta el barco.*

Mira el cariño que sienten por Pablo: lágrimas, besos y abrazos demuestran su gran amor.

Pablo era un hombre de oración. Hace muchos años, tomé la decisión de terminar cada reunión con una persona o un grupo con oración. ¿Es la oración una parte importante de tu ministerio?

Hay muchos principios en estos pocos versículos para el ministerio. ¿Cuáles puedes utilizar en tu vida? ¿Cuál es la palabra de Dios para ti en este capítulo?

21

Esperanza en tu tormenta

Hechos 27:7-44

¿Estás pasando por una tormenta? O, peor aún, ¿has sufrido un naufragio? Incluso puede sucederle a alguien que anda como Jesús anduvo, en el poder del Espíritu, como el apóstol Pablo y su experiencia como prisionero, en viaje a Roma. Me recuerda a muchos reclusos que me contaron sus experiencias con el transporte de prisioneros en autobús o avión (lo cual se llama "Con Air" en EE. UU.). Terminamos este estudio en los capítulos finales de Hechos, con lo que podría ser una película.

Comenzamos el capítulo 27 con Pablo, sus compañeros y otros prisioneros en un barco. El guardia, Julio, era un tipo amable, que le permitió a Pablo visitar a sus amigos en el puerto de Sidón. Desde el principio del viaje, se encontraron con muchos problemas:

⁷ Tuvimos que navegar despacio por varios días y, después de serias dificultades, por fin nos acercamos a Gnido; pero teníamos viento en contra, así que cruzamos a la isla de Creta, navegando al resguardo de la costa de la isla con menos viento, frente al cabo de Salmón. ⁸ Seguimos por la costa con mucha dificultad y finalmente llegamos a Buenos Puertos, cerca de la ciudad de

Lasea. [9] Habíamos perdido bastante tiempo. El clima se ponía cada vez más peligroso para viajar por mar, porque el otoño estaba muy avanzado, y Pablo comentó eso con los oficiales del barco. (NTV)

Todo estaba en contra:

- La navegación fue lenta
- A duras penas llegaron
- El viento los era desfavorable
- Siguieron con dificultad
- Se había perdido mucho tiempo
- Era peligrosa la navegación

¿Suena como tu vida a veces? ¿Te parece que no estás avanzando? ¿Todo lo que haces es con serias dificultades? Sigues adelante, ¿pero con dificultad? ¿Es el viento desfavorable (como los discípulos experimentaron en el lago cuando Jesús vino caminando sobre las aguas)? ¿Has perdido mucho tiempo? ¿Es peligroso tu camino?

Pablo quería ir a Roma y predicar el evangelio. Era un apóstol ungido por Dios, uno de los apóstoles más importantes de toda la historia, pero Dios no le hizo el camino fácil. Hay algunos predicadores hoy que proclaman que, si solo tienes fe, no habrá vientos contrarios ni dificultades en el camino, pero la Biblia nos enseña algo diferente. Lee otra vez la vida de Jesús y las experiencias de Pablo en sus viajes misioneros.

En este viaje, como en algunos de sus viajes anteriores, tenían que cambiar sus planes a causa de condiciones desfavorables y llegaron a Buenos Puertos. Por fin, ¡algo que suena bien! Pero no era tan bueno: no era adecuado para invernar. ¿Qué van a hacer? Bueno, Dios le da una palabra a Pablo, el prisionero.

¹⁰«Señores, veo que nuestro viaje va a ser desastroso y que va a causar mucho perjuicio tanto para el barco y su carga como para nuestras propias vidas».

Si Dios te da una palabra para alguien, incluso si eres un prisionero, comparte esa palabra. Hay mucha necesidad de que los verdaderos profetas adviertan a este mundo del juicio venidero y del desastre por venir si siguen su camino equivocado. Pero hoy, como en aquel entonces, la mayoría no quiere escuchar la palabra de Dios. El centurión dio más crédito al timonel y al dueño del barco, y siguió la decisión de la mayoría, pero muchas veces la mayoría está equivocada. Si Dios te advierte de algún peligro, ¡escúchalo!

El verso 13 dice: "*Creyeron que podían conseguir lo que querían*" cuando comenzó a soplar un viento suave del sur. Contrariamente a la palabra de Dios y conforme a la sabiduría del mundo y las apariencias, el mundo cree que puede conseguir lo que quiere, pero esto es un engaño. De esa manera, uno puede encontrarse en lugares muy peligrosos, porque no controlamos el clima. El tiempo cambia. Muy pronto llegó un viento huracanado, el Nororiente. Mira cómo Lucas describe lo que sucedió:

¹⁴El clima cambió abruptamente, y un viento huracanado (llamado «Nororiente») sopló sobre la isla y nos empujó a mar abierto. ¹⁵ Los marineros no pudieron girar el barco para hacerle frente al viento, así que se dieron por vencidos y se dejaron llevar por la tormenta.

¹⁶ Navegamos al resguardo del lado con menos viento de una pequeña isla llamada Cauda, donde con gran dificultad subimos a bordo el bote salvavidas que era remolcado por el barco. ¹⁷ Después los marineros ataron cuerdas alrededor del

casco del barco para reforzarlo. Tenían miedo de que el barco fuera llevado a los bancos de arena de Sirte, frente a la costa africana, así que bajaron el ancla flotante para disminuir la velocidad del barco y se dejaron llevar por el viento.

[18] El próximo día, como la fuerza del vendaval seguía azotando el barco, la tripulación comenzó a echar la carga por la borda. [19] Luego, al día siguiente, hasta arrojaron al agua parte del equipo del barco. [20] La gran tempestad rugió durante muchos días, ocultó el sol y las estrellas, hasta que al final se perdió toda esperanza.

[21] Nadie había comido en mucho tiempo. Finalmente, Pablo reunió a la tripulación y le dijo: «Señores, ustedes debieran haberme escuchado al principio y no haber salido de Creta. Así se hubieran evitado todos estos daños y pérdidas. (NTV)

- El barco no podía hacerle frente al viento
- A duras penas pudieron sujetar el bote salvavidas
- Comenzaron a arrojar la carga por la borda
- Pasaron muchos días sin que aparecieran el sol o las estrellas
- La tempestad seguía arreciando
- Perdieron al fin toda esperanza de salvarse
- Llevaban mucho tiempo sin comer

No dice lo que hicieron los hermanos durante estos días. Estoy seguro de que estaban orando y ayudando a los demás. En esta dura prueba, confío en que ellos, más que nadie, mantenían su fuerza y su esperanza. Pero también parece que pasaron unos 14 días (verso 27) sin recibir ninguna palabra del Señor. ¿Sabes cómo es estar en una tormenta tan grande que parece que vas a morir y no recibes ninguna respuesta a tus oraciones? Te puede parecer que la tormenta nunca se acabará. Día tras día, luchas por sobrevivir.

²¹ Llevábamos ya mucho tiempo sin comer, así que Pablo se puso en medio de todos y dijo: «Señores, debían haber seguido mi consejo y no haber zarpado de Creta; así se habrían ahorrado este perjuicio y esta pérdida. ²² Pero ahora los exhorto a cobrar ánimo, porque ninguno de ustedes perderá la vida; solo se perderá el barco. ²³ Anoche se me apareció un ángel del Dios a quien pertenezco y a quien sirvo, ²⁴ y me dijo: "No tengas miedo, Pablo. Tienes que comparecer ante el emperador; y Dios te ha concedido la vida de todos los que navegan contigo". ²⁵ Así que ¡ánimo, señores! Confío en Dios en que sucederá tal y como se me dijo. ²⁶ Sin embargo, tenemos que encallar en alguna isla».

Los marineros finalmente están dispuestos a escuchar la palabra de Dios, y Dios envió un ángel a Pablo. ¡Imagina ver un ángel en esa situación! Pablo les dice claramente esas palabras que nadie quiere escuchar: Debían haber seguido mi consejo. Si obedecemos la palabra de Dios, podemos evitar muchas pérdidas, pero Dios puede redimir incluso esa situación, sobre todo si hay alguien como Pablo a bordo.

La primera palabra que el ángel le dio a Pablo fue: *No tengas miedo.* ¡Incluso Pablo tenía miedo! Es la palabra de Dios para ti en tu tormenta ahora. Hay planes que Dios tiene para ti. Puedes sufrir mucha pérdida en el proceso; aquí van a perder el barco. Hace muchos años aprendí que a Dios no le importa mucho si perdemos dinero y cosas materiales; Él siempre puede darte más dinero. Tu vida vale más que el dinero.

Por fin, después de dos semanas, se hallaron cerca de una isla. Los marineros quieren abandonar el barco:

En un intento por escapar del barco, los marineros comenzaron a bajar el bote salvavidas al mar, con el pretexto de que iban a echar algunas anclas desde la proa (v. 30).

Pero Pablo (quien lo recibió por revelación, porque no era marinero) le dice al centurión que si no se quedan en el barco, los demás no podrán salvarse, y esta vez el centurión lo escucha. Dios le ha dado autoridad a Pablo, el prisionero. Me recuerda a José y su autoridad en la prisión egipcia. De la misma manera, Dios te dará autoridad en tu prisión o trabajo.

33 Estaba a punto de amanecer cuando Pablo animó a todos a tomar alimento: «Hoy hace ya catorce días que ustedes están con la vida en un hilo, y siguen sin probar bocado. 34 Les ruego que coman algo, pues lo necesitan para sobrevivir. Ninguno de ustedes perderá ni un solo cabello de la cabeza». 35 Dicho esto, tomó pan y dio gracias a Dios delante de todos. Luego lo partió y comenzó a comer. 36 Todos se animaron y también comieron. 37 Éramos en total doscientas setenta y seis personas en el barco. 38 Una vez satisfechos, aligeraron el barco echando el trigo al mar.

Pablo tenía tanta confianza que animó a todos a comer; delante de todos, él dio gracias a Dios, tomó pan y lo partió. ¿No te recuerda a Jesús alimentando a la multitud? Así, Dios quiere usarte para animar y bendecir a todos los que te rodean. A veces, tienes que levantarte, bendecir y partir el pan de vida.

42 Los soldados pensaron matar a los presos para que ninguno escapara a nado. 43 Pero el centurión quería salvarle la vida a Pablo, y les impidió llevar a cabo el plan. Dio orden de que los que pudieran nadar saltaran primero por la borda para llegar a tierra, 44 y de que los demás salieran valiéndose de tablas o de restos del barco. De esta manera todos llegamos sanos y salvos a tierra.

Una vez más, Dios salvó a Pablo. Todavía tiene un largo camino por recorrer, pero por el momento Pablo y todos los que están en ese barco están bien. Yo le pido al Señor que en tu tormenta, ahora, todos en tu compañía, toda tu familia, lleguen a tierra firme sanos y salvos. Dios nos da momentos de descanso y bendición antes de entrar nuevamente en el barco para encontrar otras tormentas, pero el deseo de tu Padre es enseñarte en la tormenta que Él tiene todo bajo su control. Cada tormenta es una oportunidad más para que Dios manifieste su poder. Si siempre hay una gran bonanza en tu vida, no necesitas a Dios. Como Jesús dijo a sus discípulos cuando reprendió al viento: *¿Por qué tienes tanto miedo? ¿Todavía no tienes fe?* (Marcos 4:40) Tú puedes estar en una tormenta ahora, pero Jesús tiene autoridad sobre el mar y el viento, y Él te ha dado esa autoridad también. Esfuérzate y sé valiente.

Conclusión

E mpezamos este libro con una controversia: ¿Fue un error seleccionar a Matías como reemplazo de Judas?

Terminamos el libro con otra controversia, sobre Pablo, el apóstol a quien yo creo que Dios seleccionó como ese reemplazo: ¿Fue correcto para él ir a Jerusalén a pesar de las advertencias de peligro?

La mayoría de los capítulos finales de Hechos (los cuales yo no incluyo en este estudio) rodean su viaje a Jerusalén, cayendo preso allá y su llegada a Roma. Cuando se despidió de los ancianos de Éfeso, Hechos 20:38 dice: *Lo que más los entristecía era su declaración de que ellos no volverían a verlo.*

Luego navegaron en barco hasta Tiro: *Allí encontramos a los discípulos y nos quedamos con ellos siete días. Ellos, por medio del Espíritu, exhortaron a Pablo a que no subiera a Jerusalén. Pero, al cabo de algunos días, partimos y continuamos nuestro viaje* (Hechos 21:4-5). El "pero" aquí indica que Pablo no hizo caso de su advertencia, dada *"por medio del Espíritu"*. A mí me parece imprudente no esperar, orar y buscar una confirmación, pero sabemos que Pablo podría ser terco.

De Tiro, después de un día con los hermanos en Tolemaida, llegaron a Cesarea y a la casa y la iglesia de Felipe el evangelista. Aquí la advertencia parece aún más fuerte:

Llevábamos allí varios días cuando bajó de Judea un profeta llamado Ágabo. Este vino a vernos y, tomando el cinturón de Pablo, se ató con él de pies y manos, y dijo:

—Así dice el Espíritu Santo: "De esta manera atarán los judíos de Jerusalén al dueño de este cinturón, y lo entregarán en manos de los gentiles".

Al oír esto, nosotros y los de aquel lugar le rogamos a Pablo que no subiera a Jerusalén.

—¿Por qué lloran? ¡Me parten el alma! —respondió Pablo—. Por el nombre del Señor Jesús estoy dispuesto no solo a ser atado, sino también a morir en Jerusalén.

Como no se dejaba convencer, desistimos, exclamando:

—¡Que se haga la voluntad del Señor! (Hechos 21:10-14)

Me impresiona que Dios envió a este profeta con un mensaje muy claro, y todos los compañeros de viaje de Pablo y los hermanos en la iglesia le rogaron que no subiera a Jerusalén (aunque el profeta no dijo que no debería ir a Jerusalén, solo lo que le iba a pasar allí). Pero Pablo está decidido: tiene que ir a Jerusalén, y ya tenía el deseo de ir a Roma también. Creo que todos conocemos a alguien terco que, una vez decidido, no cambia de opinión por nada. ¿Fue un llamado de Dios para ir allá? Nunca lo dice, y depende de nosotros tomar esa decisión sobre si Pablo tenía razón. Al principio, los frutos (arresto, naufragio y muerte) no parecen muy buenos. Pero en el proceso, predicó a muchos y llegó a Roma. ¿Es posible para nosotros, por una decisión tonta, acortar el ministerio o la vida que Dios intenta para nosotros? O, con la soberanía de Dios, ¿es imposible cambiar su plan para nosotros?

Hay dos cosas que complican esa opinión:

- Hechos 20:22-23: *»Y ahora tengan en cuenta que voy a Jerusalén obligado por el Espíritu* (LBLA: *atado en espíritu,* RVR: *ligado yo en espíritu*), *sin saber lo que allí me espera. Lo único que sé es que en todas las ciudades el Espíritu Santo me asegura que me esperan prisiones y sufrimientos.* Al principio parece que el Espíritu Santo le obligó a ir a Jerusalén, en contra de las advertencias de profetas y otros hermanos. Pero la traducción del griego es difícil, lo cual se nota en las traducciones literales de la Reina Valera y La Biblia de las Américas. Está aún más claro en la versión Amplified Bible, Classic Edition: *bound by the [Holy] Spirit and obligated and compelled by the [convictions of my own] spirit.* En español sería: *atado por el Espíritu [Santo] y obligado, constreñido, compelido y forzado por las [convicciones de mi propio] espíritu.* ¿Está compelido por el Santo Espíritu o por su propio espíritu? No lo sabemos, y los traductores tampoco. He conocido a suficientes grandes hombres de Dios para saber lo fácil que es engañarse a sí mismo, especialmente después de experimentar el éxito y la fama. Se puede creer que es la voz del Espíritu Santo, cuando en realidad el hombre está *"atado en espíritu"*, con la urgencia de cumplir lo que tiene en su *"espíritu"*. ¿Podría ser que Dios envió a los profetas para decirle que estaba equivocado?

- Una palabra que vino a Pablo después de su juicio en Jerusalén: *a la noche siguiente, el Señor se apareció a Pablo y le dijo: «¡Ánimo! Así como has dado testimonio de mí en Jerusalén, es necesario que también lo hagas en Roma»* (Hechos 23:11). En ese momento, a pesar de un posible "error", Dios puede redimir la situación y abrir puertas para testificar en estas ciudades.

Hay momentos en que complicamos la situación para nosotros mismos, como cuando Pablo apela a César. El rey Agripa le dijo a Festo, el gobernador: *Se podría poner en libertad a este hombre si no hubiera apelado al emperador* (Hechos 26:32).

Al igual que los "errores" en el primer capítulo, no soy dogmático, y creo que ambos son posibles. Pero por lo que yo he observado en muchas situaciones, tiendo a pensar que Pablo perdió la oportunidad de un ministerio más extendido a causa de su terquedad. Podemos estar en situaciones en las que vemos peligro y advertimos a un siervo de Dios que busque más confirmación del Señor antes de tomar una decisión, pero él tiene libre albedrío, y tenemos que dejar a la persona en manos de Dios, como los compañeros de Pablo dijeron en Hechos 21:14: *¡Que se haga la voluntad del Señor!*

El libro de Hechos termina con estas palabras: *Durante dos años completos permaneció Pablo en la casa que tenía alquilada, y recibía a todos los que iban a verlo. Y predicaba el reino de Dios y enseñaba acerca del Señor Jesucristo sin impedimento y sin temor alguno* (Hechos 28:30-31).

Me parece que el libro necesita al menos un capítulo más. Tal vez fue en este punto cuando Lucas terminó su libro, pero hay muchos detalles que simplemente no sabemos: ¿Cuándo y cómo murió Pablo? ¿Hizo el viaje a España que quería hacer? Hay algunas leyendas que dicen que sí. Tal como me parece que el libro termina antes de tiempo, también me parece que debería centrarse más en la vida de Pablo. Pero tal vez nos corresponde a nosotros terminar el libro de los Hechos, y Dios permitió que terminara así a propósito.

Esta es mi conclusión de la serie "Andar como Jesús anduvo". Después de meses escribiendo estos libros, estoy más convencido que nunca de que el centro de la vida cristiana es tan sencillo. Hay tantas cosas que suceden en la iglesia y en este mundo, pero esa meta me mantiene enfocado. Es emocionante caminar así con Cristo; no hay nada mejor.

Ahora te toca a ti. Tú escribes el próximo volumen de esta serie. ¡Sería genial tener cientos de volúmenes de testimonios de hermanos y hermanas andando como Jesús anduvo! Cuentos del poder de Dios para hacer discípulos y extender su reino al mundo entero.